南无本师释迦牟尼佛

南无弥勒菩萨

宝性论释

COMMENTARY ON UTTARATANTRA SHASTRA

觉囊遍知朵洛瓦 · 著
索达吉 · 译

西藏藏文古籍出版社

图书在版编目（CIP）数据

宝性论释 / 觉囊遍知朵洛瓦著． -- 拉萨 ： 西藏藏文古籍出版社， 2021.8（2025.5 重印）

ISBN 978-7-5700-0578-9

Ⅰ．①宝… Ⅱ．①觉… Ⅲ．①大乘－佛经－研究 Ⅳ．①B942.1

中国版本图书馆 CIP 数据核字（2021）第 146734 号

宝性论释

作　　者 觉囊遍知朵洛瓦
译　　者 索达吉
责任编辑 顿珠平措　郭晓斐
出　　版 西藏藏文古籍出版社（拉萨市色拉路 4 号）
邮政编码：850000
打击盗版：0891-6930339
印　　刷 大厂回族自治县德诚印务有限公司
经　　销 全国新华书店
开　　本 16 开（710×1 000）
印　　张 16.75
彩　　页 4
版　　次 2025 年 5 月第 1 版第 2 次印刷
标准书号 ISBN 978-7-5700-0578-9
定　　价 55.00 元

目录

大乘宝性论科判

全论分四：

大乘宝性论

弥勒菩萨 著
索达吉 译

梵音：玛哈雅那俄达绕单札西札

藏音：特巴钦布杰喇密单究

汉意：大乘宝性论

顶礼一切佛菩萨！

总说品

佛法僧界觉，功德佛事业，

略摄全论体，此七金刚处。

自相系依次，总持王经序，

知三处余四，具慧佛法分。

佛生法生僧，僧得智藏界，

终获智大觉，力等利生法。

无初中末寂，佛自觉觉已，

为未觉觉说，无畏恒常道，

持胜智悲剑，金刚斩苦苗，

见林绕疑墙，尽摧佛前礼。[1]

无为任运成，非依他缘证，

具足智悲力，具二利佛陀。

是无初中末，自性故无为，

寂灭法身故，名谓任运成。

各别自证故，非依他缘证，

证此三故智，说道故为悲。

威力以智悲，断除苦惑故，

前三成自利，后三成他利。

非无有二俱，非俱无可择，

远离诸释词，各别自证寂。

无垢具智光，于诸所缘境，

摧破贪嗔痴，正法日前礼。[2]

无思二分别，净明对治品，

所能离贪者，具二谛相法。

远离贪欲者，灭谛道谛摄，

1 此两颂，藏文为一长颂，每句十五字。

2 此两颂，藏文为一长颂，每句十五字。

彼等依次第，三三功德知。

非择非诠故，圣知故无思，

寂无二分别，净等三如日。

心性即光明，见惑无本性，

真证诸众生，无我寂灭边。

具见佛随行，一切无障慧，

具见无量众，有境智前礼。[1]

如所尽所有，内智见清净，

具慧不退僧，具无上功德。

证众寂法性，故为如所有，

彼亦自性净，烦恼本尽故。

证所知究竟，慧见众生具，

遍知之法性，故为尽所有。

如是证悟者，各别自智见，

无垢界无著，无碍故彼净。

智见清净故，佛智无上故，

不退之圣者，众生皈依处。

依佛法弟子，信解于三乘，

及三作用众，安立三皈处。

舍欺有法故，无故有畏故，

1　此两颂，藏文为一长颂，每一句十五字。

二法及圣众，非胜永皈处。
胜义诸众生，皈处唯一佛，
能仁法身故，僧究竟亦彼。
稀有无垢故，具力世庄严，
是最殊胜故，无变故为宝。
有无垢真如，无垢佛德业，
彼生妙三宝，见胜义者境。
此三宝种姓，见一切者境，
彼四依次第，四因不可思。
清净具染故，无染清净故，
无分之法故，任运无念故。
所证及证悟，证支令证故，
依次一净因，三处是为缘。

第一　如来藏品

佛身遍现故，真如无别故，
具种故众生，恒具如来藏。
佛智入众生，性无垢无二，
佛种择果故，众具如来藏。

体因果业具，入分位普行，
恒常德无别，胜义界密意。
如宝空水净，自性恒无染，
信法殊胜慧，等持悲所生。
威力不变异，润体自性故，
与珠宝虚空，水功德同法。
嗔法及我见，畏惧轮回苦，
无视众生利，大欲者外道，
声缘之四障，净因胜解等，
法即有四种。
信解胜乘种，慧生佛法母，
禅乐胎处悲，乳母佛生子。
净我乐常德，波罗蜜多果，
厌苦欲得寂，发愿之业者。
略摄此等果，是以于法身，
遣除四颠倒，对治而安立。
彼性清净故，断习气故净，
灭我无我戏，是故为胜我。
除意自性蕴，彼因故为乐，
证悟轮与涅，等性故为常。

以慧无余断爱我，爱众悲尊非得寂，
此依智悲觉方便，圣者不住轮涅边。
设若无佛性，于苦不厌离，
不欲乐涅槃，亦无希求愿。
见有痛苦过，涅槃安乐德，
此有种姓故，无种姓无故。
如大海无量，德宝无尽处，
具无别功德，本性故如灯。
摄法身佛智，大悲界性故，
以器珍宝水，说与大海同。
无垢处神通，智无垢真如，
无别故与灯，光暖色同法。
分别入凡圣，圆佛之真如，
见真于众生，说此如来藏。
异生乃颠倒，见真谛者反，
如来则如实，无倒无戏论。
不净不净净，极净依次第，
是名为众生，菩萨与如来。
本性等之义，此六摄界性，
于诸三分位，是以三名说。

如无分别性，虚空普随行，
心性无垢界，如是普行性。
彼总法相遍，过功及究竟，
犹如虚空遍，下中上色相。
过失客尘性，功德性具故，
如前后亦然，无变之法性。
如虚空普行，细微故无染，
如是于众生，安住此无染。
世间诸一切，空中生与灭，
如是无为界，根等生与灭。
虚空未曾为，诸火所焚毁，
如是此不为，死病老火焚。
地依水依风，风住于虚空，
虚空则非住，风水与地界。
如是蕴界根，依于业烦恼，
业惑恒常依，非理之作意。
非理作意者，依存清净心，
心之自性法，不住于一切。
当知犹如地，一切蕴处界，
当知如水界，有情业烦恼。

非理作意者，观如风之界，

自性如虚空，不依亦不住。

非理作意者，住于心自性，

非理作意者，促成业烦恼。

业与烦恼水，生诸蕴处界，

如彼坏与成，形成生与灭。

心性如虚空，无因亦无缘，

无聚无有生，无灭亦无住。

心自性光明，无变如虚空，

邪念生贪等，客尘不染彼。

以业惑水等，非令此真成，

死病老烈火，亦不会焚烧。

当知劫末火，地狱平常火，

依次如死火，病火与老火。

解脱生死与病老，如实证悟此自性，

离生等祸以彼因，具慧悲众故依存。

圣者已根除，死病老痛苦，

以业惑感生，彼无故无彼。

真见真如故，已超越生等，

然悲尊示现，生死及老病。

佛子证悟此，无变法性已，

无明蔽众见，生等诚稀有。

获得圣行境，示于凡行境，

故成众生亲，方便大悲尊。

彼离诸世间，世间中不动，

利世于世间，不染世垢行。

如莲生水中，不为水所染，

此虽生世间，不染世间法。

成办所为事，心恒如火燃，

恒常入定寂，静虑等至中。

先前引业感，离诸分别故，

彼为成熟众，非为勤作行。

或说或色身，或行或威仪，

应机予调化，彼知如是性。

恒常任运成，普天之众生，

无碍具慧彼，真行众生利。

菩萨之此理，后得于世间，

真实度众生，与如来等性。

然如地与尘，海与蹄迹水，

佛陀与菩萨，差别亦如此。

无尽具法故无变，无后际故众皈依，
不分别故恒无二，无作性故无灭法。
无生亦无死，无害亦无老，
彼乃常坚故，寂灭永恒故。
彼即意性身，不生常有故，
不可思死殁，不死坚稳故。
细微习气病，不害寂灭故，
现行无漏业，不老永恒故。
二句如是二，二二依次第，
了知无为界，常有等之义。
具无尽德故，非变性常义，
等同边际故，皈依性坚义，
不分别性故，无二法性寂，
无改功德故，无毁义永恒。
彼即法身即如来，圣谛胜义之涅槃，
故如日光德无别，佛外无有余涅槃。
略摄无漏界，以四义类别，
可知法身等，四种名差别。
佛法无有别，获得彼种姓，
无妄无欺性，自性本寂灭。

诸相正等觉，断垢及习气，

佛陀与涅槃，胜义无二性。

一切相无数，无思无垢德，

无别相解脱，解脱即如来。

犹如绘画者，精通各有别，

知某分支者，去他处不定。

复次君主王，赐布命彼等，

汝等所有人，于此绘吾像。

彼等听从命，尽力行画事，

正当行彼等，一人赴他境。

因彼往他境，不全故彼画，

一切诸分支，不能皆圆满。

能绘一切者，具施戒忍等，

一切相之最，空性说成像。

慧智及解脱，明射清净故，

无异故与光，光辉日轮同。

故未成佛前，不能得涅槃，

如离光光辉，不能见日轮。

如是如来藏，安立说为十，

住惑壳内彼，以诸喻可知。

败莲中佛蜂中蜜，糠中精华粪中金，
地下宝藏小果芽，破衣之内如来像，
贱女腹内人中王，泥中具有珍宝像，
如是烦恼客尘障，众生中住此佛性。
垢如莲花蜂，糠秕与粪地，
果皮与破衣，剧苦逼女泥。
佛蜜精金藏，涅珠宝佛像，
洲主尊宝像，同无垢佛性。
如色败莲住，妙相如来尊，
无垢天眼见，令从莲苞现。
善逝遍无间，佛眼见自性，
无覆住后际，悲尊令解障。
如凋零闭莲中佛，天眼见已除莲瓣，
见贪嗔等垢壳覆，众具佛藏悲摧障。
如蜂群绕蜜，智士寻求彼，
见已依方便，令蜂群离彼。
大仙遍知眼，见智界如蜜，
彼障如蜜蜂，而令永断除。
无数蜂障蜜，寻求蜂蜜人，
驱散彼等蜂，如愿行蜜用。

众具无漏智，犹如蜂之蜜，
烦恼如蜜蜂，善毁佛如土。[1]
如具糠粮食，不为人所用，
希求食等者，糠中取出彼。
众具烦恼垢，相杂佛亦尔，
未离杂惑垢，佛业不现有。
如稻荞麦稞，果实未出糠，
未熟则不为，人所用美食。
众具法自在，未脱惑壳身，
惑饥逼众前，不赐法喜味。[2]
如人游时金，落入脏腐处，
不坏彼依然，安住数百年。
具净天眼天，见已告人言：
此有金至宝，净此制成宝。
佛见陷不净，惑中众生德，
为净惑淤泥，于众降法雨。
天见落脏腐处金，为净策励示最妙，
佛见堕脏惑佛宝，遍众为净说正法。
如贫舍地下，具有无尽藏，

1 此两颂，藏文为一长颂，每句十五字。
2 此两颂，藏文为一长颂，每句十五字。

彼人不知彼，藏不说我此。

入心内宝藏，净无破立性，

未证此众生，常受多贫苦。

贫舍有宝藏，宝藏于彼人，

不说我在此，彼人不知彼。

法藏住心舍，众生如贫者，

为令彼得彼，仙人诞生世。[1]

芒果等树果，有种芽无坏，

耕田灌溉等，渐次成树王。

众生无明等，果皮内界善，

如是依彼善，渐成能仁王。

如依水日光，风地时空缘，

多罗及芒果，果皮内生树，

众生惑果皮，内圆佛种芽，

如是由善缘，见法得增上。[2]

如宝造佛像，垢秽破衣裹，

置路天人见，为解言彼事。

无碍眼照见，异惑裹佛性，

亦遍于旁生，为解示方便。

1　此两颂，藏文为一长颂，每句十七字。

2　此两颂，藏文为一长颂，每句十五字。

如宝性佛像，垢秽破衣裹，
置路天眼见，为解示于人。
见惑破衣裹，住于轮回道，
佛性畜亦具，为解佛说法。[1]
貌丑无怙女，住于无怙处，
胎怀国王尊，不知在自腹。
生三有如无怙舍，不净众生如孕妇，
彼怀王故有依怙，无垢界如住彼胎。
身上著垢衣，丑女怀君王，
无怙舍宅中，感受大痛苦。
如是自内住，有怙思无怙，
有情因烦恼，意不寂受苦。[2]
如内金像形圆满，灭尽自性外泥性，
见知彼者为净化，内金去除一切障。
见自性光明，诸垢客尘性，
令如宝源众，净障证大觉。
无垢灿金造，泥内之佛像，
灭尽之自性，智者知除土。
遍知知如净，纯金寂灭心，

1 此两颂，藏文为一长颂，每句十五字。
2 此两颂，藏文为一长颂，每句十七字。

说法捶打行，去除一切障。[1]

莲花蜂糠秕，不净粪与地，

果皮及破衣，女人胎泥模。

如佛蜜果实，纯金宝藏树，

宝像转轮王，以及纯金像。

众界烦恼壳，无系无始时，

心自性无垢，无始如是说。

贪嗔痴及彼，强现行习气，

见修道所断，依不净净地。

九垢以莲苞，此等喻尽宣，

随烦恼之壳，分类无有量。

贪等此九垢，略摄依次第，

以莲花苞等，九喻真实宣。

此垢令凡夫，罗汉学具慧，

次第四与一，二二不清净。

如莲淤泥生，现前心欢喜，

后成不欢喜，贪喜亦如是。

犹如蜜蜂群，烦乱而蜇刺，

如是生嗔者，令心生痛苦。

如粮等果实，外在糠秕覆，

---

1 此两颂，藏文为一长颂，每句十五字。

如是见藏义，无明蛋壳蔽。
不净不合意，如是具贪众，
依欲是因故，现行如不净。
如宝覆盖故，不知不得藏，
众生自然性，无明习地障。
如芽等渐生，能破种子皮，
如是见真如，遣除诸见断。
与圣道相属，摧坏见心者，
修道智所断，说为如破衣。
依于七地垢，犹如胎包垢，
犹如离胎包，无念智如熟。
随系三地垢，当知如泥染，
是以大本性，金刚喻定摧。
贪等九种垢，如同莲花等。
三自性摄故，界性如佛等。
此自性法身，真如与种姓，
彼是以三喻，一五喻可知。
当知法身二，法界极无垢，
彼之等流说，甚深种种理。
出世故世间，此喻不可得，

如来与佛性，唯是相似说。

宣说深细理，如蜂蜜一味，

宣说种种理，如异皮果实。

自性无变异，善妙清净故，

是说此真如，如同纯金像。

如宝藏果树，可知二种姓，

无始自性住，真受殊胜性。

许此二种姓，获得佛三身，

第一得初身，第二得后二。

当知本性身，庄严如宝像，

自性非所作，功德宝藏故。

具大法政故，报身如轮王，

影像自性故，化身如金像。

自然之胜义，是以信所证，

日轮璀璨光，无目不得见。

此无何所破，亦无少所立，

真实观真性，见真性解脱。

具有别法相，界性客尘空，

具无别法相，无上法不空。

如云如梦幻，彼说所知空，

复此佛何说，众生有佛性？
为断心怯懦，轻视众生劣，
邪执损减真，贪我五过说。
真实际远离，一切有为相，
烦恼业异熟，以如云等说。
烦恼犹如云，业如梦受用，
惑业异熟蕴，如幻亦如化。
先如是安立，复此无上续，
为断五过失，宣说有佛性。
如此未闻彼，以轻自过失，
心怯之有者，不生菩提心。
生菩提心者，自诩我殊胜，
于未生觉心，则入下劣想。
如是思维者，不生真实智，
故非真实执，不解真实义。
造作客尘故，众生过非真，
真实过无我，功德自性净。
执著非真过，损减真功德，
具慧不得见，自他平等慈。
如此听闻彼，欢喜敬如佛，

慧智大慈生，生此五法故，

无罪视平等，无过具功德，

同等爱自他，速得正觉果。

大乘无上续宝性论中第一如来藏品终

第二 菩提品

净得离二利，所依深与广，

以及大本性，有际如所性。

以本体因果，事业具趋入，

恒常不可思，安立为佛地。

自性光明说，如日与虚空，

客烦恼所知，密云障碍遮，

离垢具佛德，常稳恒佛陀。

依法无分别，辨别智慧得。[1]

佛陀以无别，净法而安立，

如日与虚空，智断二法相。

光明非造作，无别而趋入，

具超恒河沙，佛陀一切法。

---

1 此两颂，藏文为一长颂，每句十五字。

自性不成立，周遍客性故，

烦恼所知障，是说犹如云。

远离二障因，即是二种智，

无分别及彼，后得许为智。

净水渐茂莲覆湖，离罗睺口之望月，

离烦恼云之日轮，无垢具德故具光。

能仁蜜果实，宝金宝藏树，

无垢宝佛身，王金像如佛。

犹如湖泊等，净贪等客惑，

摄略说彼者，无分别智果。

具诸殊胜相，佛身定随得，

如是说彼者，后得智慧果。

断除贪等尘，于所化莲花，

降静虑水故，佛如净水池。

解脱嗔罗睺，大悲大慈光，

周遍众生故，佛如净满月。

解脱愚痴云，以智光遣除，

众生黑暗故，佛如无垢日。

不等等法故，施予妙法味，

远离皮壳故，如佛蜜果实。

净以功德物，能除贫穷故，
赐解脱果故，如金宝藏树。
珍宝法身故，二足尊胜故，
珍宝色相故，佛如宝王金。
无漏周遍无灭法，稳寂恒常无迁处，
佛如虚空诸正士，六根领受真义因。
见非大种色，听闻纯妙语，
嗅佛净戒香，品大圣法味，
受定所触乐，证体深理因。
细思胜义乐，佛如空离相。
略摄当了知，二智作用此，
解脱身圆满，法身即净化。
解脱与法身，当知二一相，
无漏周遍故，无为依处故。
灭烦恼习气，是故为无漏，
无著无碍故，许智是周遍。
终究无灭性，故是无为法。
无灭是略说，坚等解说彼。
当知四种灭，与坚等反故，
衰败变中断，不可思变迁，

无彼故可知，坚寂常不迁。

无垢智彼是，白法依故处，

如非因虚空，见色闻声等，

香味触法因，二身无障行，

坚稳根境生，无漏功德因。

无思常坚寂永恒，灭遍离念如虚空。

无著无碍断粗触，无见取善无垢佛。

以解脱法身，宣说自他利，

二利所依具，不可思等德。

遍知智慧境，佛非三慧境，

故当了悟智，有情不可思。

细故非闻境，胜义非思境，

法性甚深故，非世修等境。

如天盲于色，凡夫未曾见，

圣亦如初生，室内婴光色。

离生故常有，无灭故坚固，

无二故寂灭，法性住故恒。

灭谛故善灭，普证故周遍，

无住故无念，断惑故无著。

净所知障故，无碍于一切，

无二堪能故，是离粗所触。
无色故无见，无相故无取，
清净故善性，除垢故无垢。
无初中后无分割，无二三无垢分别，
法界自性证悟彼，入定瑜伽行者见。
无量超恒沙，无思无等德，
如来无垢界，断诸习气过。
种种妙法光明身，勤成众生解脱利，
行持如摩尼宝王，种种事物非彼性。
世间入寂道，成熟与授记，
因色此常住，如虚空色法。
自生一切智，是名谓佛陀，
胜涅槃无思，摧敌各别性。
析彼以深广，大本性功德，
所立自性等，三身而行持。
佛陀本性身，具足五法相，
略摄当了知，具足五功德。
无为无分割，断除二种边，
解脱烦恼障，所知等至障。
无垢无分别，是瑜伽境故，

法界本体性，清净故光明。

真实本性身，具无量无数，

无思无伦比，清净究竟德。

无量等依次，广大无数故，

非寻思境故，唯佛断习故。

受用种种法，自性法现故，

净悲之等流，利生不断故。

任运无分别，如求满愿故，

以摩尼神变，安住圆受用。

说示事不断，无有诸现行，

示非彼本体，此示种种五。

如依种种色，非真宝珠现，

众生种种缘，遍主非真现。

大悲知世间，照见诸世间，

法身不动中，以异化身性，

示现真投生，从兜率天降，

入胎及诞生，精通工巧明。

游戏享妃眷，出家与苦行，

至菩提迦耶，降魔圆正觉，

转大妙法轮，趣入涅槃相，

于诸不净刹，示现有际间。

知无常苦空，寂音之方便，

令众厌三有，趋入于涅槃。

入于寂道者，具得涅槃想，

宣说法华等，法之真实性。

彼等除前执，方便智慧摄，

成熟于胜乘。授记大菩提。

甚深圆满力，随凡义引故，

依如此等数，深广大本性。

于此初法身，后者即色身，

如色住虚空，色身住法身。

无量因与众无尽，悲神变智具圆满，

法之自在摧死魔，无体世怙故恒常。

舍身命受用，受持妙法故，

普利众生故，初誓究竟故。

佛陀即清净，大悲趋入故，

神通足示现，彼住行持故。

依智而解脱，轮涅执二故，

恒具无量定，圆满安乐故。

行于世间中，不染世法故。

无死得住寂，无死魔行故。

无为之自性，能仁本灭故。

恒成无依者，依怙等之故。

以初七种因，色身恒常性，

后三是本师，法身恒常性。

因非语境胜义摄，非分别境离喻故，

无上有寂不摄故，佛境圣亦不可思。

无诠故无思，胜义故无诠，

非择故胜义，非量故非择。

无上故非量，非摄故无上，

无住故非摄，功过无别故。

五因细微故，法身不可思，

六非彼性故，色身不可思。

无上智悲等功德，功德竟佛不可思，

自生末者之此理，仙大自在亦未觉。

大乘无上续宝性论中第二菩提品终

第三　功德品

二利胜义身，依彼世俗身，

离系异熟果，六十四功德。

自利富有处，是为胜义身，

诸佛表示身，他利圆满处。

初身具力等，离系之功德，

二具大士相，异熟之功德。

力摧无明如金刚，无畏眷中如狮子，

如来不共如虚空，能仁示二如水月。

知处非处业，异熟与根性，

界性及信解，趣行静虑等，

染污无有垢，随念诸宿世，

天眼与寂灭，智力有十种。

处非处异熟，种种界趣行，

信解染净根，随念诸宿世，

天眼漏尽理，穿毁断无知，

盔甲坚墙林，故力如金刚。[1]

诸法圆菩提，能灭诸道障，

说道及说灭，无畏有四种。

自他所知法，自知令知故，

断令断所断，修行所修故，

得令得所得，无上极无垢，

1 此两颂，藏文为一长颂，每句十五字。

自为他说谛，故大仙无碍。[1]
兽王林边常无畏，无惧行于群兽中，
会中能仁狮子王，善住无待坚具力。
佛无误暴音，无有忘失念，
无有不定心，亦无种种想，
无有不择舍。欲正勤念慧，
解脱解脱智，及见无退失。
诸业智为导。于时智无障。
如此十八法，佛与他不杂。
佛无误暴音，忘失及意动，
异想与随舍，欲乐与正勤，
正念无垢慧，恒常而解脱，
普见所知义，解脱智无失。[2]
彼之三事业，皆智先随行，
无碍广大智，恒常入三时。
证无畏为众，转大妙法轮，
具大悲胜者，佛陀所证得。
地等所具法，法尔非虚空，
虚空无障等，彼相色无有。

1 此两颂，藏文为一长颂，每句十三字。
2 此两颂，藏文为一长颂，每句十五字。

地水火风空，等同世间共，

不共微尘许，世间亦不共。[1]

善住及轮相，广足踝不露，

指趾皆纤长，手足网缦相，

皮肤柔嫩妙，身体七处高，

腨肉如鹿王，密藏如大象，

上身如狮子，肩膊无间丰，

肩头圆手柔，圆润无高下，

臂长洁净身，具足光环相，

喉如无垢螺，颔轮如兽王，

齿四十平等，纯净齿齐密，

清净齿平整，四牙最鲜白，

舌广无边际，无思最上味，

自然梵音声，迦陵频伽音，

绀目牛王睫，面严净白毫，

头顶髻净薄，众尊肤金色，

汗毛善妙细而柔，一一右旋皆上靡，

发如无垢蓝宝石，犹如涅珠大树轮，

普贤无喻大仙人，坚身具无爱子力，

不可思议三十二，此说本师人王相。

1 此两颂，藏文为一长颂，每句十五字。

无云之月色，秋碧湖中见，
佛子遍主色，佛坛城中见。
六十四功德，此等各具因，
如依宝女经，了知斯次第。
不变与不弱，无等无动故，
以金刚狮子，虚空水月说。
诸力中六力，三一依次第，
遣除所知障，等至及习气，
穿破摧斩断，如铠墙林故。
坚精稳不毁，佛力如金刚，
精藏故坚韧，稳固故精藏，
不毁故稳固，不毁如金刚。
无畏无待故，稳故圆妙力，
能仁狮如狮，眷会中无畏。
现知一切故，无所畏惧住，
净众亦不等，照见故无待，
意于一切法，一缘故稳固，
无明习气地，逾越故具力。
世间及声闻，行一边具慧，
自生愈上慧，细故喻有五。

世生存因故，同地水火风，

超越世出世，法相如虚空。

彼等三十二，功德法身立，

如宝珠宝光，形色无别故。

见能满足德，是谓三十二，

依于幻化身，圆满受用身。

离净远近者，世间佛坛城，

如水空月色，见彼有二种。

大乘无上续宝性论中第三功德品终

第四　事业品

化界化方便，化界调化事，

彼境应时往，遍主恒任运。

具胜功德珍宝聚，智水大海福慧日，

无余决定修行乘，无中边广如空遍，

佛见无垢功德藏，于诸众生皆无别，

以佛大悲风吹散，烦恼所知之云雾。[1]

何者依何化，何为何处时，

1　此两颂，藏文为一长颂，每句十九字。

无彼分别故，能仁恒任运。
于何所化界，依众方便化，
所化之所为，何处与何时。
出离彼显示，彼果彼摄受，
彼断彼障缘，无有分别故。
出离即十地，二资是彼因，
彼果胜菩提，菩提摄众生，
无量障烦恼，随烦恼习气，
诸时摧彼缘，即是大悲心。
当知此六理，依次如大海。
日轮及虚空，宝藏云与风。
具智水德宝，故地如大海。
有情生存故，二资如日轮。
广无中边故，菩提如虚空。
真佛法性故，众生界如藏。
客尘遍不成，故惑如云聚。
散彼近住故，大悲如狂风。
依他而出离，自见众生同，
事业未圆故，有际不间断。
如帝释天鼓，雨云与梵天，

日轮如意宝，回响虚空地。
犹如净琉璃，自性此地上，
净故见天王，天女会众俱。
美妙尊胜宫，彼天境处外，
无量宫种种，以及众天物。
尔后男女众，安住地上者，
得见彼显相，而发如是愿，
愿我等不久，犹如此天王。
是为获得彼，真实行善住。
彼等依善业，虽不了此相，
如是显现理，此逝转天界。
彼相无分别，亦无有动摇，
然于地上者，具有大意义。
信等无有垢，修信等功德，
自心现佛陀，妙相具随好。
散步及站立，安坐及安眠，
做种种威仪，宣说寂灭法，
不说而入定，行种种幻变，
具大威光尊，众生得现见。
见彼亦希求，为佛极力行，

彼因真实行，能得所求果。

彼现亦无有，分别及动摇，

如此于世间，亦以大义住。

异生虽不知，此乃自心现，

如此见色身，彼等亦具义。

次第依见彼，安住此乘者，

将以慧眼见，内胜义法身，

地离余惨境，无垢之琉璃，

明妙具珠宝，离垢妙功德。

上平净故现，种种天王影，

渐离地功德，彼复不显现。[1]

为得彼事乐，斋戒布施等，

男女之众人，以信散花等。

为得净琉璃，心现能仁王，

具有极喜心，佛子发大心。

如净琉璃地，现天王身影，

众生净心地，映现佛身影。

众前影现没，随无浊浊心，

如世显现相，不见有与坏。

如天境天人，以昔白法力，

1 此两颂，藏文为一长颂，每句十五字。

无有勤作处，意色分别念。
无常苦无我，寂灭法鼓声，
屡屡而劝勉，放逸诸天人。
遍主无勤等，佛语普周遍，
无余所化众，于有缘说法。
如天境天人，鼓声自业生，
能仁所说法，亦由自业生。
离勤处身心，鼓声令行寂，
远离勤作等，此法令成寂。
天城法鼓声，因生赐无畏，
惑赴沙场时，胜非天除戏。
世间禅无色，因生尽摧毁，
众生烦恼苦，说寂无上道。
遍众生利乐，具足三神变，
是故能仁音，胜天物铙钹。
天界大鼓声，不入住地耳，
佛鼓声遍行，轮回地下界。
天界多铙钹，为增欲火传，
悲尊一妙音，为灭苦火入。
天妙铙钹声，增心掉举因，

悲尊如来语，劝专思等持。

总之诸世间，天地安乐因，

彼遍照世间，尽依妙音宣。

犹如诸聋人，不闻细微声，

具有天耳者，亦非闻一切。

细微殊胜法，细微智行境，

亦唯无烦恼，具慧者得闻。

犹如夏季云，庄稼茂盛因，

雨露无勤中，持续降大地。

大悲云中降，佛陀妙法雨，

众善庄稼因，无有分别念。

如世入善道，风生云降雨，

悲风众善增，佛云降法雨。

于有大智悲，不染变不变，

住空定持海，佛云善稼因。

犹如凉香柔，轻水云中出，

与地盐等系，成极多种味。

八圣支甘霖，广悲云藏出，

众相续处别，成具多种味。

于胜乘净信，中等与嗔群，

三种如众人，孔雀与饿鬼。

春末无云人，不行空中鸟，

夏季雨降地，饿鬼则痛苦。

大悲云聚中，法雨现不现，

欲法嗔法者，世间彼比喻。[1]

大滴雨降下，热沙金刚火，

细微至山者，云聚不观待。

细广以种姓，智悲之密云，

诸时无观待，惑净我见眠。[2]

生死无初始，行彼道有五，

不净无妙香，五趣无安乐。

彼苦恒如火，刃盐等触生，

悲云降妙法，大雨能灭彼。[3]

了悟天死堕，人有求苦故，

具慧亦不求，天王人君尊。

随从于智慧，虔信于佛经，

此苦此是因，此灭智见故。[4]

当知疾病当断因，当得乐住当依药，

1 此两颂，藏文为一长颂，每句十五字。

2 此两颂，藏文为一长颂，每句十五字。

3 此两颂，藏文为一长颂，每句十五字。

4 此两颂，藏文为一长颂，每句十五字。

苦因灭彼如是道，当知当断当证依。

梵天于梵住，无有迁移中，

于一切天境，无勤示显现。

佛于法身中，不动于诸界，

众具缘者前，无勤示幻现。

梵天恒于宫，不动入欲界，

天人见见彼，亦断喜对境。

善逝法身中，不动于世界，

有缘见见彼，恒行除诸垢。[1]

往昔自愿力，天人善业力，

梵天无勤现，自生化身同。

天降入胎诞生住，王宫喜享静处行，

降魔证觉说寂道，无缘眼前佛不现。

如日热一时，莲开睡莲闭，

开德与闭过，无念圣日同。

如日无分别，顿时放自光，

令莲花绽放，令余得成熟。

如是如来日，妙法之光芒，

于所化众莲，无有分别入。

法身与报身，菩提空中升，

1　此两颂，藏文为一长颂，每句十五字。

遍知日智慧，放光于众生。

因于诸清净，所化水器中，

善逝之日影，顿时现无量。

恒时遍一切，法界虚空中，

佛日应机落，所化之山上。

具千光日升，明世间次第，

落高中低山，佛日渐照众。

日无照射天边刹，非除痴暗显所知，

悲尊散放多彩光，于众明示所知义。

佛至城中时，诸盲人复明，

无义众远离，见佛得受益。

堕落三有海，见暗覆痴盲，

依佛之日光，得见未见处。

犹如摩尼宝，无念顿时间，

能满住境者，各自诸心愿。

依佛如意宝，不同意乐者，

得闻种种法，彼不分别彼。

如摩尼宝无念勤，所求财物赐他众，

能仁无勤而应机，利他恒常住世间。

海地下摩尼，欲者极难得，

劣缘惑困众，此心难见佛。

犹如回响声，他者觉知现，

无分别造作，不住外与内。

如是如来语，他者觉知现，

无分别造作，不住外与内。

少无无显现，无缘无所依，

超眼境无色，无示之虚空，

虽见高与低，然彼非如是。

如是虽见佛，然彼非如是。

如地生一切，依于无念地，

增长稳固广。

依无分别念，圆满佛大地，

众生诸善根，无余得增长。

未见无勤作，而行何事故，

为断所化疑，宣说九比喻。

此等九比喻，宣说详解说，

是于经藏中，宣说彼必要。

由闻所生慧，广大光庄严，

具慧速趋入，佛陀诸行境。

彼义是以说，琉璃帝释影，

彼等九比喻，认清彼摄义。
示现语周遍，幻化散智慧，
意语身之密，获得大悲性。
灭诸勤作续，无有分别意，
如无垢琉璃，现帝释影等。
灭勤是立宗，无分别意因，
为自性义成，喻帝释影等。
此是此本义，示现等九种，
本师离生死，无勤尽趋入。
犹如帝释天鼓云，梵天日轮摩尼珠，
回响虚空地有际，无勤利他瑜伽知。
示现如宝现天王，善妙传授如天鼓，
遍主智慧大悲云，遍及有顶无量众。
如梵无漏处不动，示现众多幻化相，
如日智慧放射光，如净摩尼宝珠意。
佛语无字如回响，身如空遍无色常，
大地众生善法药，一切之基是佛地。
如净琉璃心，现见佛陀因，
不为不信退，信根得增长。
善根生灭故，佛陀色生灭，

能仁如帝释，法身无生灭。

如是无勤作，法身无生灭，

于世永行持，示现等事业。

此诸比喻摄，义是此次第，

前后由断除，违品法而说。

佛陀如影像，无音非同彼，

如天鼓非能，普利非同彼。

如密云非断，无义种非同，

如大梵天非，永熟非同彼。

如日非永久，驱暗非同彼，

如摩尼宝非，难得非同彼。

如回响缘生，亦非与彼同，

如虚空非是，善基非同彼。

世间出世间，众生诸圆满，

彼处之所依，是故如大地。

依于佛菩提，生出世道故，

善业道禅定，无量及无色。

大乘无上续宝性论中第四事业品终

第五 利益品

佛性佛菩提，佛法佛事业，

净众尚不思，此是佛行境。

具慧信佛境，佛众功德器，

喜无思功德，胜众生福德。

希求菩提者，金刹严宝珠，

等同刹尘数，每日恒供佛。

他闻此一句，闻已复信解，

此得施生善，更多之福德。[1]

具慧求无上，菩提多劫中，

身语无勤作，守护无垢戒。

他闻此一句，闻已复信解，

此得戒生善，更多之福德。[2]

谁此除三有，惑火修禅天，

梵住至究竟，无变菩提法。

他闻此一句，闻已复信解，

此得禅生善，更多之福德。[3]

---

1 此两颂，藏文为一长颂，每句十五字。

2 此两颂，藏文为一长颂，每句十五字。

3 此两颂，藏文为一长颂，每句十五字。

因施成受用，戒善修断惑，
慧断诸二障，此胜因闻此。
安住彼转依，功德成办利，
是佛智慧境，所说此四处。
具慧信解有，能力具功德，
具有速获得，佛果之缘分。
不可思议境，有我能得果，
得具此功德，由信胜解故。
成欲勤念定，慧等功德器，
彼等菩萨尊，恒常近安住。
恒常近住彼，佛子不退转，
福德波罗蜜，圆满普清净。
福德之五度，三轮无分别，
圆满普清净，断彼违品故。
施生福是施，戒生是持戒，
安忍禅定二，修生勤遍行。
分别三轮者，彼许所知障，
分别悭吝等，彼许烦恼障。
慧外无有断，彼等余因故，
慧胜其基闻，是故闻殊胜。

依可信教理。为自唯清净，
为摄具信解，圆善者说此。
依灯电宝珠，日月有眼见，
依佛大义法，辩光而说此。
具义与法系，断三界惑语，
令显寂功德，佛语余反之。
唯一依佛说，无乱心诠释，
随得解脱道，顶戴如佛经。
此世无何人，智慧高佛陀，
如理遍智知，胜真如非余。
仙人自安立，经藏不搅彼，
毁坏佛理故，亦害微妙法。[1]
烦恼愚者谤圣者，彼执见造轻说法，
慧不沾彼执见垢，净衣染变油染非。
劣慧不信善，依邪我慢故，
贫妙法障性，不了执了义。
贪利随见故，依止背法故，
远离持法故，信劣舍佛法。[2]
深法何智说，火及猛毒蛇，

1 此两颂，藏文为一长颂，每句十五字。
2 此两颂，藏文为一长颂，每句十五字。

刽子手霹雳，非应极恐怖。

火蛇敌霹雳，唯能离性命，

非能令堕入，恐怖无间狱。[1]

谁屡依恶友，于佛具恶心，

杀父母罗汉，行非行破僧。

若定思法性，从彼速解脱，

何人心嗔法，彼焉有解脱？[2]

三宝净佛性，净菩提德业，

七处如理说，我得善愿众，

见具无量光，无量寿佛陀，

复法眼无垢，生得大菩提。[3]

由何为何因，如何宣说何，

等流是何者，是以四偈说。

二说自净法，一说失毁因，

尔后二偈颂，则是宣说果。

说眷属坛城，忍证菩提法，

略摄二种果，是以末颂说。

大乘无上续宝性论中第五利益品终

大乘宝性论，怙主慈氏撰著圆满。

1 此两颂，藏文为一长颂，每句十五字。

2 此两颂，藏文为一长颂，每句十五字。

3 此两颂，藏文为一长颂，每句十五字。

大乘宝性论释·善说日光

觉囊遍知朵洛瓦 著
索达吉 译

顶礼具德殊胜上师及一切吉祥圆成实!

顶礼、供养、赞叹、皈依一切于有不损减、于无不增益依如实安住证悟而宣说之尊者!

于悉究竟深实相，基果究竟如来藏，
道竟金刚瑜伽师，恭礼立誓释彼义。
世俗诸法皆空基，十二无变圆成实，
得彼证彼宣说彼，诸佛菩萨尊前礼。
尤其尽显彼真义，弥勒无著与胞弟，
以及龙树父子等，示深实相尊前礼。
明示如来藏之论，摄略撰写彼注释。

于此大乘宝性论，随同具德圣者无著之注释而宣讲分四：一、契义之论名；二、成办大义总顶礼；三、具殊胜义之正论；四、解说圆满造论事宜。

甲一、契义之论名：

梵语：玛哈雅那俄达绕单札西札

藏语：特巴钦布杰喇密单究

汉语：大乘宝性论

甲二、成办大义总顶礼：

顶礼一切佛菩萨！

总说品

甲三（具殊胜义之正论）分三：一、安立论体；二、广说分支；三、圆满所为。

乙一（安立论体）分三：一、总纲义；二、对应经教；三、次第固定之理。

丙一、总纲义：

佛法僧界觉，功德佛事业，

略摄全论体，此七金刚处。

将总纲义全盘托出授予弟子能使他们轻易通达，广说分支能断除增益与损减，或者也特为讲者有条不紊、容易解说而尽量以归纳的方式明示本论的意义。总纲义也就是指，所得：究竟圆满自他二利的佛陀之义、具足离贪二谛法相的正法之义、具足二智不复退转的会众圣僧之义；获得佛法僧之方式：真实所证——众生界性或法界自性清净之义、证悟之本体——界性垢染普皆清净的无上菩提之义、证悟之分支——与大菩提相属离系果异熟果所摄的功德之义及最后或后面宣说的令他证悟之方便——功德威力的佛事业之义。将要讲的全论所有分支之体或事，以简要的方式宣说，就是如金刚般的这七处或七句。由于这些意义是无可诠说各别自证，以闻慧思慧难以通达，因此就像金刚宝物一样，如续中也云“金刚名不坏”。能诠的文字也能明示彼等正道并使人理解，为此称“处”，因为成为渐次了悟所诠的基础或所依。

丙二、对应经教：

自相系依次，总持王经序，
知三处余四，具慧佛法分。

这七种金刚处的自法相或本性的关联，并存连续之理，按照此处宣说的次第，《陀罗尼自在王菩萨请问宣说如来大悲经》序品中可知宣说了前三处三宝，彼中云：“出有坏于诸法等性中真实圆满成佛，善转法轮，有无量极其调柔的弟众……”剩余四处，继序品后宣说了具慧菩萨道法功德之垢的六十种净治法，明示了佛性。如《法界赞》中云：“有界而行事，得以见纯金，无界虽行事，唯是徒烦恼。”所净垢染之基法界以自性清净的如来藏而存在，为了现前它而宣说净治之方式合理。

若问：何为六十种净治法？

菩萨的四庄严、八光明、十六大悲及三十二事业。随之，后面三金刚处，由宣说如来法的八十种分类可知，也就是继宣说法界后宣说了大菩提十六大悲明示了菩提。其后，按照将要讲的宣说十力、四无畏、佛陀十八不共法明示了功德。随后，宣说如来的三十二种无上事业明示了事业，彼中云："善男子，如来事业即此三十二种。"同时宣说了事业与事业者。

丙三、次第固定之理：

佛生法生僧，僧得智藏界，

终获智大觉，力等利生法。

因为，于诸法等性中真实圆满成佛，善转法轮，依说法而修行，从中产生无量极其调柔的弟子圣者僧众，由成僧众而得以不同程度具足清净自身智慧藏界性之障的缘。渐次修行等持，最终获得远离所有客尘的自性法界智慧真如，即殊胜菩提，与之同时，也得到其分支（十）[1]力等无量功德，从而出现他们的所为，具足能成办利益所化众生的事业之法。为此，这般宣说了本论的次第。

乙二（广说分支）分二：一、广说所得三宝之分支；二、广说得法四处之分支。

丙一（广说所得三宝之分支）分三：一、三宝各自本体；二、安立三皈处之理；三、以释词解说。

1 文中以括号形式出现的内容，是译者为了便于读者更好地理解本书所补充。括号内容与正文字号相同的文字，是因藏汉行文方式有异，译者为连贯前后文所添加。

丁一（三宝各自本体）分三：一、究竟皈处佛宝本体；二、佛之圣教法宝本体；三、受持佛法者僧宝本体。

戊一（究竟皈处佛宝本体）分三：一、以赞叹而真实宣说；二、分析彼义而宣说；三、以对应而广说。

己一、以赞叹真实宣说：

无初中末寂，佛自觉觉已，
为未觉觉说，无畏恒常道，
持胜智悲剑，金刚斩苦苗，
见林绕疑墙，尽摧佛前礼。

佛陀，无有初始生、中间住、最后灭——有为法的三种法相，因此是无为法的本性；寂灭戏论与分别，因此是任运自成；佛陀本身不依赖他以各别自证智慧自然觉悟，因此并非依靠他缘证悟。具足如此三法，自己成佛现量证悟一切所知，因此智慧圆满。为了使没有证悟的其他众生证悟而宣说了不畏轮回、不退转恒常现前法身之道，因此悲心圆满。持执这样殊胜的智悲宝剑与金刚，依次以智悲宝剑斩除能产生后面近取蕴痛苦的苗芽，以智悲金刚摧毁我执我所执等种种见解密林围绕的怀疑坚墙，因此威力圆满。于具足六法而究竟二利的佛陀前，三门恭敬顶礼。

己二、分析彼义宣说：

无为任运成，非依他缘证，

具足智悲力，具二利佛陀。

刚刚所讲的此教义表明了具足六种或八种功德的佛陀，因不是以因缘产生而具足无为法无有迁变的功德；因无有勤作而具足任运自成的功德；因自己觉悟而具足不依靠他缘证悟的功德；具足这三种，是智慧的功德；因将他众也安置于这种功德中而具足悲心的功德；因断除他众的苦因苦果而具足威力的功德。这是以实体分的六种。或者以反体来分有两种功德，前三种是自利圆满的功德，后三种是他利圆满的功德。这一切归集起来，就是具足八种功德的佛陀。

己三、彼等对应广说：

是无初中末，自性故无为，

寂灭法身故，名谓任运成。

以赞叹宣说作为因，之后以分析宣说次第建立来宣讲，佛陀是无有初中末有为法生住灭的自性者，因此是无为法。无余寂灭身语戏论与心之分别等勤作，是法身的本性，所以说事业任运自成。

各别自证故，非依他缘证，

证此三故智，说道故为悲。

威力以智悲，断除苦惑故，

前三成自利，后三成他利。

由于是以各别自证的自然本智证悟，故不是依他人讲说等的外缘证悟的。证悟如此具足无为法等三种功德的法界对一切众生而言无有差别，为此具足智慧圆满，为了将其他所化众生也安置于究竟清净本性而随缘明示出世间道，为此具足悲心圆满。具足威力的事业圆满，因为以刚刚讲的智悲二者断除众生的痛苦近取蕴及其因所有烦恼。其中前三种功德是成办自利圆满，因为法界无为法任运自成成为自证智慧的行境，断除一切有漏法，具足无漏大乐，究竟自利。以后三种成办他利圆满，因为以智慧照见所化界，以大悲心趋入，以事业也能如愿无余成办所欲之事。

戊二（彼之圣教法宝本体）分四：一、以赞叹真实宣说；二、分析彼义而宣说；三、彼等归摄为二谛；四、彼等对应而广说。

己一、以赞叹真实宣说：

非无有二俱，非俱无可择，

远离诸释词，各别自证寂。

无垢具智光，于诸所缘境，

摧破贪嗔痴，正法日前礼。

正法，因为于法界真如自性胜义谛各别自证智慧行境中存在，故不堕无的断边；因为世俗客法本来无生，故不堕有的常边；它们不是各自他体，遮破了单一，互绝相违的缘故，也不是有无二俱的共同基；不成立有和无二者，就不成立有无二俱，遮破它的有无二俱以外的非俱也无法思择。为此，解脱四边戏论。以表示、名言无可诠说，真实超越语言行境，所以远离释词。不是以比喻、推理等所表明，不是他证的行境，是圣者各别自证的缘故，无可思维。寂灭轮回的根本——业与烦恼，因此无二。寂灭彼等之因——非理分别念，因此是无分别。这三种是灭谛所摄。无有烦恼随烦恼连同习气之垢，因此是清净。具足远离所知障的智慧现量了知一切相的光芒，因此是光明。于一切所缘对境，摧破欲求贪爱净、嗔恨不净、于中等愚昧的一切翳暗，因此成对治。以这三种意义成为如日轮般道谛所摄。

于正法前，以净信顶礼。

己二、分析彼义而宣说：

无思二分别，净明对治品，

所能离贪者，具二谛相法。

刚刚讲的此教义指明具六种或八种功德的正法，名言心识无可思维的功德、无有业与烦恼二者的功德、无有彼等之因非理分别念的功德、清净烦恼垢染的功德、智慧光明的功德、摧破三毒黑暗对治品的功德，这是实体的六种分类。或者，以反体来分，前三种是果——所离贪的灭谛，后三种是因——能离贪的道谛，连同具足清净之二谛的法相，具足这八种功德，就称为正法。

己三、彼等归摄为二谛：

远离贪欲者，灭谛道谛摄，

彼等依次第，三三功德知。

远离贪欲者称为法是指，离贪之果灭谛以及能离贪的道谛所摄，二谛如实按照次第，由无可思维、无二、无分别三种功德可知说明了具二清净的灭谛，由清净、光明、对治三种功德可知宣说了能清净的道谛。

己四、彼等对应解说理由：

非择非诠故，圣知故无思，

寂无二分别，净等三如日。

以赞叹而宣说作为理由，随后以功德的分类次第建立宣讲，所得究竟灭谛法不是有、无、有无二俱、非俱——四边执著的分别寻思所抉择之对境的缘故，不是语言、名言、释词等所诠说之对境的缘故，是圣者入定各别自证所了知的缘故，以这三种因说明了它是世间心识不可思维的。由于寂灭了有漏业及其等起的烦恼，故是无二性，由于寂灭了业及烦恼之因——非理分别念，故是无分别性，如云：“舍利子，所谓灭，此即法身，无二之法即无分别之法。”能获得此法身之因见道修道的清净功德等以及“等”字包括的光明、对治，这三种是以三种同法可知如同日轮一般，原因是，与日轮清净相同，道谛法远离一切随烦恼之垢；与日轮能照亮色法相同，道谛法能照亮一切所知相；与日轮是黑暗的对治相同，道谛法作为见真如之一切障碍的对治。

戊三（受持佛法者僧宝本体）分三：一、以赞叹真实宣说；二、证成彼等摄为二功德；三、彼等对应而广说。

己一、以赞叹真实宣说：

心性即光明，见惑无本性，
真证诸众生，无我寂灭边。
具见佛随行，一切无障慧，
具见无量众，有境智前礼。

菩萨不退转之心是以对治自性现前光明，照见烦恼的本体本来无生，菩萨具足真实如实证悟一切众生之自性人无我与法无我寂灭边或戏论法性而了知如所有的智慧，以照见法性圆满佛陀之法身周遍随行有法一切众生而了知尽所有的智慧，他们也是依次，以具有对对境无著无碍之障的出世间智慧而了知众生法界清净，以具有遍知无量众生的有境，因此，于拥有清净照见一切所知的智慧而成为一切有情之殊胜皈依处的僧宝前，以清净信心顶礼。

己二、证成彼等摄为二功德：

如所尽所有，内智见清净，
具慧不退僧，具无上功德。

刚刚所讲的此教义宣说了具有两种功德的僧宝，缘对境法性真如如实存在，圣者以与他不共内在各别自证的智慧照见贪著障清净的缘故为如所有智的功德，缘对境有法尽所有的一切众生普遍具有法界，圣者以与他不共内在各别自证的智慧照见质碍障清净的缘故为尽所有智的功德，由于具足这两种智慧，于圆满大菩提不退转的僧宝会众——具慧菩萨超胜声闻缘觉，因此具足无上智慧的功德。

己三（彼等对应广说）分四：一、广说证悟如所有之理；二、广说证悟尽所有之理；三、彼等亦说为清净；四、宣说一切中最殊胜皈依处。

庚一、广说证悟如所有之理：

证众寂法性，故为如所有，

彼亦自性净，烦恼本尽故。

以各别自证智慧现量证悟一切众生的心自性本来寂灭戏论的法性，因此称为如所有智。也就是因为证悟了心自性完全清净光明及证悟了客性的烦恼本来无生而灭尽。

庚二、广说证悟尽所有之理：

证所知究竟，慧见众生具，

遍知之法性，故为尽所有。

以证悟对境一切所知法及其究竟真如的出世间智慧了知一切，而以各别自证智慧现量见到尽所有的一切众生自性普遍具有遍知的法性如来藏的缘故，是了知尽所有的有法之智。那种现见也是从一地起产生，因为证悟了法界普行（遍行）之义。

庚三、彼等亦说为清净：

如是证悟者，各别自智见，

无垢界无著，无碍故彼净。

这般以如所有智尽所有智证悟出世间道即是以与他不共圣者各别自证智慧见到的，也就是指，趋入周遍一切自性无垢法界而无有具贪著的烦恼障，由证悟周遍一切所知法而无有具质碍的所知障。为此，那两种智慧观待相似智慧所见也是极其清净。

庚四、宣说一切中最殊胜皈依处：

智见清净故，佛智无上故，

不退之圣者，众生皈依处。

以如所有智与尽所有智照见对境，清净贪著障与质碍障，因此与佛陀的无上智慧所见接近，为此现量见到法性、于圆满菩提不退转的圣者，成为救度一切有情脱离轮回苦受的皈依处。

丁二（安立三皈依之理）分三：一、观待必要安立三种之理；二、后两种非永久皈依处之理；三、抉择胜义皈依处。

戊一、观待必要安立三种之理：

依佛法弟子，信解于三乘，

及三作用众，安立三皈处。

因宣说究竟皈依处本师佛陀的功德之义见到佛陀的功德从而追求三乘中的大乘佛果；三种作用中，信解佛陀作为二足尊，就此而言，三皈依处中佛陀安立为第一皈依处。以宣说佛教正法的功德见到其功德之义，缘觉乘者欲求自己证悟甚深缘起法；三种作用中，就信解法起到离贪尊作用，就此而言，三皈依处中，法安立为第二皈依处。因宣说求学者僧众的功德而见到其功德，三乘之中，声闻乘者随从他人宣讲，欲求获得真如；三种作用中，信解僧众起到会众尊作用，就此而言，三皈依处中，僧众安立为第三皈依处。总之，以三种意义针对六种行人而安立三皈依处，这是为众生渐次趋入而宣说的。

戊二、后两种（法与僧）非永久皈依处之理：

舍欺有法故，无故有畏故，
二法及圣众，非胜永皈处。

宣说“暂时的法与僧并非究竟的皈依处”，名称、词句、文字组合归集的教法，是通达义共相的所依，但真实证道时，就像过了河的船一样是所舍的缘故。

证法也有两种：其中能证的道谛，具有有为法的法相，无常、不真实、如云相般是虚妄、欺惑的有法的缘故。

所证的灭谛，是究竟佛陀，但按照声闻的方式，如同灯火相续中断一样，仅是无有烦恼与痛苦的缘故。

所谓僧，即便是灭尽有的阿罗汉，也像害怕持着剑的刽子手一样畏惧诸行，而寻求从中出离；菩萨也是有所学，因此没有到达无畏的最高境地，这一切是有畏而皈依佛陀的缘故。

教法与证法二法，以及佛陀以外的其他圣者僧众是暂时的皈依处，在获得究竟时它们也不是最殊胜的永久皈依处。

戊三、抉择胜义皈依处：

胜义诸众生，皈处唯一佛，

能仁法身故，僧究竟亦彼。

在胜义中成为救度无量众生离苦、无灭恒常的殊胜皈依处，就是唯一的圆满佛陀。然而，法与僧说为暂时的皈依处是指，他们究竟就是佛陀，如前所述“无有初中末……”为特点的能仁具足清净二谛的法相，是究竟离贪之法身的缘故；三乘的僧众也以断证来分，究竟也是现前佛陀的法身。

丁三、以释词宣说：

稀有无垢故，具力世庄严，

是最殊胜故，无变故为宝。

梵语“绕那”涉及稀世之珍与珍宝两种含义，此处以六种同法而说明三宝与珍宝相似。具体来说，与珍宝于世间罕见相同，三宝也是未经累劫修行二资粮善法则不会值遇，稀有出现的缘故；与珍宝清净无垢相同，三宝也是何时何处都无有过患之垢的缘故；与珍宝具有遣除衰败、赐予圆满的威力相同，三宝也具有神通等不可思议的功德威力的缘故；与珍宝成为世间装饰相同，三宝也成为一切众生善心之因而作为一切世间最殊胜庄严的缘故；与珍宝比假宝殊胜相同，三宝也是超越世间，于一切法中堪为最胜的缘故；与珍宝不以赞毁等改变相同，三宝也是无为法自性，何时也不会以众生信不信等外缘改变的缘故。正由于与珍宝相似，因此称为宝。

就从中获得出世间清净之处成就三宝而言，广说得法四处分支：

丙二（广说得法四处之分支）分三：一、共同宣说；二、各自本体；三、彼等功德。

丁一（共同宣说）分四：一、四处成为圣者境之理；二、宣说彼等亦不可思议；三、广说其理由；四、推理因缘安立。

戊一、四处成为圣者境之理：

有无垢真如，无垢佛德业，
彼生妙三宝，见胜义者境。

所谓有垢之真如，是指法界真如在没有脱离烦恼之壳的众生位的如来藏。无垢真如，是指如来藏通过修道而远离所有客尘，是说完全转依的法相佛地阶段的如来藏法身。无垢佛陀的功德，是指与法身真实性相属的十力、四无畏、十八不共法等离系果及三十二妙相等异熟果所摄的佛陀之法。佛事业，是指依靠真实成就十力等那些功德的威力随应各自而任运自成不间断成办利生的无上事业。

如是“因缘”四处中产生“果”善妙三宝的这种道理，唯一是具有现量照见法性胜义谛究竟智慧的诸佛的行境。

戊二、宣说彼等亦不可思议：

此三宝种姓，见一切者境，

彼四依次第，四因不可思。

产生、成就“果”此三宝之种姓——成为“因缘”的这四处如实之义：由于现量照见一切所知相，因此是佛陀智慧的行境，它们的意义也就是，界性等这四处，按照次第具足将要讲的四种理由，是普通人不可如实思维的。

戊三、广说其理由：

若问：四种理由是什么？

清净具染故，无染清净故，

无分之法故，任运无念故。

有垢真如界性之义：同一时间心的自性既是本来清净，也是具有以暂时客尘染污的缘故，表面似乎是两种相违法在同一基中集聚，因此不可思议，因为信解甚深法理不是声闻缘觉的行境。《吉祥鬘请问经》中也云：

“天女，此二法难以证悟，心自性光明难以证悟，心真实随烦恼难以证悟。天女，你能听闻此二法，是具大妙法之菩萨。天女，其余声闻缘觉当以信心于如来前证悟此二法。”

无垢真如菩提之义：既是先前少许也不存在客尘染污，也是修道后令所有垢染极其清净，表面似乎相违，因此不可思议，原因是，它如实了知心自性光明。为此，以具足刹那的智慧真实圆满无上正等菩提而成佛。

无垢佛功德之义：是指十力等胜义的功德，在完全有染污的异生位也是存在无可分割的法性，但也并非现前的缘故，表面似乎相违，因此不可思议。如《华严经》中云：“未趋入如来智慧之众生于有情趣少许亦无有，然以想执不现如来智慧。远离想执无碍出生遍知智慧自然本智。”

佛事业之义：因为既是无有勤作任运自成，一切时间不间断随所化众生缘分而成办所愿，也是不思抉彼此之想等相的缘故表面似乎相违，因此不可思议。如《陀罗尼自在王请问经》中云：“善男子，当以此差别如是了知，如来事业不可思议，随得等性，一切无罪，能使三时相联之三宝种族不间断。行持不可思议事业之如来身，也不舍虚空自性于一切佛土示现。语言也不舍无诠法性，如所了知语言而为众生说法。意远离一切所缘，亦尽知一切众生之心行及意乐。”

戊四、因缘之安立：

所证及证悟，证支令证故，

依次一净因，三处是为缘。

实际这四处中，也摄集一切所知，原因是，有垢界自性清净是所证之处；远离一切垢染的菩提是证悟自体之处；与菩提相关的功德是证悟分支之处；功德的威力事业是使他众也证悟之处。为此，这四处依照次第，第一处有垢真如是所净之“因”，因为所有垢染清净中产生三宝。后面三处是能净之“缘”。

丁二（各自本体）分四：一、所证法界之义；二、证悟本体菩提之义；三、证悟分支功德之义；四、能证事业之义。

就有垢真如而言，一切众生都具有如来藏。

第一 如来藏品

戊一（所证法界之义）分八：一、法界周遍之理；二、以总纲略说能遍；三、广说总纲义；四、解说之摄义承接；五、依承接以比喻宣说；六、以信心证悟教之义；七、认清所证之空性；八、以彼等解说之必要。

己一、法界周遍之理：

佛身遍现故，真如无别故，

具种故众生，恒具如来藏。

因为圆满佛陀的法身能起现周遍于一切法，因为一切轮涅的法性真如无有差别，因为一切有情均具有法界的自性清净、障碍可净的如来种姓，所以，所有众生从无始以来就恒常相续不断具有胜义如来藏。如经中云：“出有坏，一切众生恒常具有如来藏。”

佛智入众生，性无垢无二，

佛种择果故，众具如来藏。[1]

己二、以总纲略说能遍：

体因果业具，入分位普行，

1　此颂在藏文中没有注释。

恒常德无别，胜义界密意。

将要讲的内容概括起来，有以下十种意义：

1. 本体之义：法身真如种姓自性清净的本性。

2. 因之义：信解等能遣除界性中存在的客尘的方便等。

3. 果之义：法界真如远离所有客尘而于佛地获得四种功德波罗蜜多。

4. 业之义：以具有种姓的原因，见到轮回的过患后想要出离，见到涅槃的功德而想要获得。

5. 具之义：具有信解界性真如等因功德、神通等果功德。

6. 趋入之义：由所依三种行人不同的有法，能依法性也分为三种。

7. 分位之义：虽然抉择趋入之义自性无有差别，但以三种行人之分类而宣说三阶段只是名称不同。

8. 普行之义：如是一切分位中，法界如虚空般随入周遍。

9. 恒常之义：普行一切所依，何时也不会因为它们的过患及功德而改变。

10. 无别之义：在恒常不变之真如中，究竟断证功德无别而具有。

应当了知，这十种意义是以善加分析了法性胜义谛法界自性清净之密意而抉择的。

己三（广说总纲义）分八：一、本体及因清净之义；二、果及业成

就之义；三、具众功德之义；四、以行人分类趋入之义；五、分析分位唯名之义；六、如虚空般普行之义；七、恒常无变之义；八、功德无别之义。

庚一（本体及因清净之义）分二：一、共同宣说所净能净；二、解说各自本体差别。

辛一、共同宣说所净能净：

如宝空水净，自性恒无染，

信法殊胜慧，等持悲所生。

如同珠宝自性清净、虚空自性清净、水自性清净一样，如来藏法界也是自性恒常无有垢染、清净就是本性义。信解大乘法、证悟无我的殊胜智慧与具足安乐的等持、缘众生的大悲是能清净客尘的因，从中所产生的菩提是离系果。

辛二（解说各自本体）分二：一、所净本体之义；二、能净因之义。

壬一、所净本体之义：

威力不变异，润体自性故，

与珠宝虚空，水功德同法。

由这三种自性自法相可知，如来法身具有如意实现一切所想之事等的威力，因此与摩尼宝珠相同；真如于一切阶段自性不变异的缘故，与虚空同法；种姓是周遍一切有情之慈悲滋润的本体自性，因此与水的功德同法。要知晓，这一切也是从总法相入手，永无垢染、自性普皆清净的缘故，与如意宝珠、虚空及水自性清净的功德同法。

壬二（能净因之义）分二：一、断除所断四障之理；二、以对治成佛子之理。

癸一、断除所断四障之理：

嗔法及我见，畏惧轮回苦，
无视众生利，大欲者外道，
声缘之四障，净因胜解等，
法即有四种。

嗔恨大乘法、人等我见、因畏惧轮回痛苦而求自己寂乐、无视成办众生利，依次是大贪欲者、外道、声闻、缘觉现前如来藏的四种障碍，能清净这些的因是，能恒常修行胜解大乘法及“等”字包括的智慧波罗蜜多、无量等持、大悲——四种道法。

癸二、以对治成佛子之理：

信解胜乘种，慧生佛法母，
禅乐胎处悲，乳母佛生子。

比如，具足种子、母亲、胎、乳母四法，而形成转轮王子，同样，此处也是，信解三乘中最殊胜的大乘，犹如成为殊胜功德之根源的种子一样；证悟无我的智慧能产生佛陀的一切法，如生母一样；虚空藏等持等禅乐不失增上，如同胎处一样；大悲犹如能抚育的乳母。具足这四法，就是由能仁圆满佛陀之意中生、作为子嗣的佛子菩萨。

庚二（果及业成就之义）分二：一、共同宣说所得能得；二、解说各自本体差别。

辛一、共同宣说所得能得：

净我乐常德，波罗蜜多果，

厌苦欲得寂，发愿之业者。

如是修行四种对治而净化四障，由此获得具足如来藏法身净波罗蜜多、我波罗蜜多、乐波罗蜜多、常波罗蜜多——四种胜义功德波罗蜜多，即是果之义。厌离轮回痛苦、欲求获得涅槃寂灭及发愿的业是有佛性的作用。

辛二（解说各自本体差别）分二：一、所得果之义；二、能得业之义。

壬一（所得果之义）分三：一、断除所断颠倒之理；二、以断而得四果之理；三、以得而解脱二边之理。

癸一、断除所断颠倒之理：

略摄此等果，是以于法身，

遣除四颠倒，对治而安立。

简略地说，信解、智慧、禅定与悲心——法界能净的这四种因的果是以依次遣除对法身不净、无我、苦、无常四种颠倒的缘故，获得以对治而安立的净、我、乐、常四种功德波罗蜜多。

癸二、以此而得四果之理：

彼性清净故，断习气故净，
灭我无我戏，是故为胜我。

究竟果如来法身，它的总法相自性本来普皆清净的缘故，差别法相无余断除客尘连同习气的缘故是净波罗蜜多。完全寂灭执著外道等遍计之我的戏论及执著声闻等遍计之无我的戏论，因此是胜我波罗蜜多。

除意自性蕴，彼因故为乐，
证悟轮与涅，等性故为常。

由无余灭尽痛苦而断除意自性的蕴及所有集谛，结果也就消除了它的因无明习气地的一切烦恼及无漏业，为此是乐波罗蜜多。如是证悟三有轮回与寂灭涅槃究竟意义自性等性的缘故不间断二利，是常波罗蜜多，那也是因为胜义法界自性清净。轮回无常的过患丝毫无所减，因此未堕于断边；本来任运自成的缘故，涅槃的功德丝毫无所增，因此未堕于常边。由此成立远离二边的涅槃。

癸三、以得而解脱二边之理：

以慧无余断爱我，爱众悲尊非得寂，

此依智悲觉方便，圣者不住轮涅边。

以证悟无我的智慧无余斩断对蕴贪爱为我的缘故，不是像大贪欲者一样堕于有边；以大悲慈爱一切众生而成办他们的利益，因此，慈悲尊者菩萨也不是像声闻缘觉一样堕于仅得寂灭痛苦之边。如此依靠证悟无我的智慧以及缘众生的大悲这两种获得无上菩提的殊胜方便而修行的佛子圣者们，不住三有轮回或寂灭涅槃任意一边，现前不住之涅槃。

壬二（能得作业之义）分二：一、若无法界应成不证舍取；二、有种姓故证悟功过之作用。

癸一、若无法界应成不证舍取：

设若无佛性，于苦不厌离，

不欲乐涅槃，亦无希求愿。

假设不存在佛陀界性或法界自性清净如来藏，则应成见到众生流转痛苦的过患也不厌离，见到涅槃安乐的功德也无有向往获得它的欲乐，也不会希求它的方便及心现行其义的发愿。但事实并非如此。

癸二、有种姓故证悟功过之作用：

见有痛苦过，涅槃安乐德，

此有种姓故，无种姓无故。

见到三有轮回痛苦的过失与寂灭涅槃安乐的功德后厌离三有痛苦的

过失，欢喜涅槃安乐的功德，这些是来自于有佛陀种姓。

理由：若问，为什么呢？取舍的智慧，对于暂时无有随增种姓的邪爱者来说，在对三乘任意一种法没有生起信解期间，不会有见有寂的过失与功德。如云："身处随圣之境地，依于殊胜之正士，已发宏愿积大福，此四大轮汝具足。"

庚三（具众功德之义）分二：一、共同宣说因果功德；二、解说各自本体差别。

辛一、共同宣说因果功德：

如大海无量，德宝无尽处，

具无别功德，本性故如灯。

如同极其广阔的大海汇集了无量的珍宝与水一样，法界也在极其广阔的信解法器，成为无量智慧、等持功德珍宝及大悲水无尽之处的缘故，是具足因功德之义。神通、无漏智慧、无漏断德是具足无别功德之本性的缘故，如同灯火的光、暖、色无别一样存在，即是具足法界果功德之义。

辛二（解说各自本体差别）分二：一、具因功德之义；二、具果功德之义。

壬一、具因功德之义：

摄法身佛智，大悲界性故，

以器珍宝水，说与大海同。

由于无余摄集或具有清净法身之因与获得佛智之因、趋入大悲之因或界性，故以具足广大容器、珍宝与水三种同法，说明法界与大海等同。

壬二、具果功德之义：

无垢处神通，智无垢真如，

无别故与灯，光暖色同法。

自性无垢之处如来藏中五通、无漏智、无垢真如无余转依之断德无别存在的缘故，与灯火的光芒、温暖、颜色无别存在同法。

庚四（以行人分类趋入之义）分二：一、以三所依趋入宣说之理；二、彼等亦次第清净之理。

辛一、以三所依趋入宣说之理：

分别入凡圣，圆佛之真如，

见真于众生，说此如来藏。

以分别趋入异生之真如、圣者之真如、圆满佛陀之真如入手，现量照见真如，而对成为遍知所化的有缘众生，极其明了宣说此如来藏法界自性清净。

辛二、彼等亦次第清净之理：

异生乃颠倒，见真谛者反，

如来则如实，无倒无戏论。

凡夫异生想、心、见是颠倒的；现量见到四谛法性真如的圣者，则与他们相反，想、心、见无有颠倒，是真实见到；如来如实照见一切法摧毁颠倒及二障连同习气，是无有戏论性。如此从所依分为三种行人的角度，能依法界真如也成了三种。

以上这四种意义即是趋入之义。以其他方式宣说：

庚五（分位唯名之义）分二：一、三分位立三名称之理；二、以三名摄六义之理。

辛一、三分位立三名称之理：

不净不净净，极净依次第，

是名为众生，菩萨与如来。

如来藏客尘不清净、不清净与清净兼有、极其清净三种阶段，依次以众生、菩萨与如来三种不同名称来说明。

辛二、以三名摄六义之理：

本性等之义，此六摄界性，

于诸三分位，是以三名说。

本性之义，以及“等”字包括的因之义、果之义、作用之义、具足之义、趋入之义，这六义摄集了上面广说的界性清净。这是指，对于不清净、不清净与清净兼有、极其清净这三种阶段，是以众生、菩萨、如来三种名称安立说明不同，而其本体实际中丝毫也无差别。

庚六（如虚空般普行之义）分二：一、以无分别周遍之理；二、总相无可分之理。

辛一、以无分别周遍之理：

如无分别性，虚空普随行，
心性无垢界，如是普行性。

犹如无有分别、无有障碍之本性的虚空无别普皆随行周遍一切色法一样，心的自性光明本来无垢的法界也如是无别普行周遍一切阶段的行者。

辛二、总相无可分之理：

彼总法相遍，过功及究竟，
犹如虚空遍，下中上色相。

法界自性清净是一切法的总法相或法性的缘故，同等随入周遍于有过失的异生、具功德的菩萨及功德究竟的如来一切阶段，如同虚空随行周遍于下等土器、中等铜器、上等金器一切色法形相一样。

庚七（恒时无变之义）分二：一、宣说无变之分位；二、广说彼理。

辛一、宣说无变之分位：

过失客尘性，功德性具故，

如前后亦然，无变之法性。

有人认为：法界是从先前有过失变成后来具有功德的缘故是有变化的。

其实并不是。先前不清净阶段，烦恼等过失是可断除的客尘性，并不是自性中存在的缘故；后来清净的阶段现前力等功德，是自性中本来具足，并不是突然产生的缘故。如先前轮回界中存在一样，后来涅槃也这样存在永远、无有变化，这就是此法界的法性或自性。

辛二（广说彼理）分三：一、因障碍不清净分位亦无变之理；二、不清净清净分位亦无变之理；三、极清净分位亦无变之理。

壬一（因障碍不清净分位亦无变之理）分二：一、如虚空无变之理；二、解说彼等差别。

癸一（如虚空无变之理）分三：一、略说；二、广说；三、摄义。

子一、略说：

如虚空普行，细微故无染，

如是于众生，安住此无染。

犹如无为法虚空周遍普行于一切有为色法，也是细微，因为不是粗大色法，故永远不会被色法无常等过失染污。同样，心的自性周遍安住于一切有情的光明法界如来藏，也是自性清净的缘故，永远也不被众生的过失烦恼等染污。

子二（广说）分五：一、有法现生灭之理；二、法界无灭之理；三、宣说彼等之实相；四、骤然成轮回之理；五、自性无变之理。

丑一、有法现生灭之理：

世间诸一切，空中生与灭，

如是无为界，根等生与灭。

犹如这个外器世界一切行相依于通彻无阻的虚空中最初产生形成，最终毁坏、泯灭，但虚空无有生灭，同样，依于不是以因缘集聚造作无有变化的法界如来藏，内有情的根等，最初产生、增长与最终毁坏、灭亡，但法性无有生灭。

丑二、法界无灭之理：

虚空未曾为，诸火所焚毁，

如是此不为，死病老火焚。

一切有为法会被劫末火、地狱火与自性火焚烧，但无为法的虚空何时也从来没有被三火焚毁。同样，众生会被死等三火焚毁，但法界藏，永远也不被死亡的劫末火、病的地狱火、老的自性火焚毁。

丑三（宣说彼等之实相）分三：一、比喻；二、意义；三、彼等对应。

寅一、比喻：

地依水依风，风住于虚空，

虚空则非住，风水与地界。

世界形成、安住时，广大的地轮依于水轮，水轮也依于风轮，风依于安住于虚空，然而，虚空不依靠因缘，为此也不是依于风轮、水蕴、地界等有为法而住。

寅二、意义：

如是蕴界根，依于业烦恼，
业惑恒常依，非理之作意。
非理作意者，依存清净心，
心之自性法，不住于一切。

如比喻一样，五蕴、十八界、根境十二处有漏所摄而产生的染污法，依存于产生它们的因业与烦恼，业与烦恼恒常依于无常执为常有等非理作意的一切分别念，非理作意依于自性光明自性清净之心的法界而住，然而心的自性光明胜义真如是无为法的缘故永远也不依不住于非理作意、烦恼、业及生的一切染污客尘法。

寅三、彼等对应：

当知犹如地，一切蕴处界，
当知如水界，有情业烦恼。
非理作意者，观如风之界，

自性如虚空，不依亦不住。

应当了知如同地轮依于水而形成一样，近取五蕴、十二处、十八界依于业与烦恼而形成。应当了知如同水界作为形成地轮之缘一样，一切有情的有漏业及烦恼作为形成蕴、处、界之缘。应当观知非理作意是由业与烦恼引发的缘故，如同风轮作为水轮的所依一样。如同虚空界虽然作为一切的所依但它不住于任何法一样，心的自性如来藏虽然作为客性法的所依，但它的本体也不依于任何法，也不住于任何法。

丑四、骤然成轮回之理：

非理作意者，住于心自性，

非理作意者，促成业烦恼。

业与烦恼水，生诸蕴处界，

如彼坏与成，形成生与灭。

就像风轮住于虚空中一样，执著法的实相与违品非理作意的分别念，以遮障心自性光明法界的方式而住；如同风作为水的所依一样，非理作意为产生轮回之因的有漏业及贪等烦恼提供机会并使之增长；就像水搅拌形成大地一样，业与烦恼之水形成一切有漏的蕴处界及痛苦所摄的生。总之，虚空无为法界中，以时间所牵，器世界先前有重新毁灭、先前无有重新形成。同样，无漏法界也是以有情分别念及染污三轮而形成最初产生与最终毁灭。

丑五、自性无变之理：

心性如虚空，无因亦无缘，

无聚无有生，无灭亦无住。

心的自性光明法界如无为法虚空般不观待近取因，也不观待俱生缘，由此也不观待它们聚合，所以，无有最初产生及最终毁灭，也无有中间安住，因此永远不以有为三法改变。

子三、摄义：

心自性光明，无变如虚空，

邪念生贪等，客尘不染彼。

一切众生心的自性光明如来藏，如虚空自性不被云烟等改变一样，永远无有以清净不清净障碍等改变的情况，执著非真实的非理作意分别念所生的贪嗔痴等烦恼染污及业染污、生染污所摄可断的客尘根本不会染污法性，因为自性清净。

癸二（解说彼等差别）分二：一、无变远离生灭之差别；二、改变对应三火之差别。

子一、无变远离生灭之差别：

以业惑水等，非令此真成，

死病老烈火，亦不会焚烧。

以如水蕴等的业与烦恼聚合也并非使这颗心的自性光明法界先前无有重新真实产生、形成，因为它是无为法。同样，这个法性也不会被无边剧烈、极猛的死亡劫末火、疾病的地狱火及衰老的自性火焚烧、毁灭，因为它自性不转异。

子二、改变对应三火之差别：

当知劫末火，地狱平常火，

依次如死火，病火与老火。

应当了知，能使世间界灭亡的劫末火、能焚烧有情的地狱火、依于平常柴而燃烧的自性火，这三种火次第对应生命变异的死亡火、身体变异的疾病火及青春变异的衰老火，与它们相互同法、相似。

壬二（不清净清净分位亦无变之理）分二：一、真实宣说不以生等改变之义；二、认清十地佛子功德。

癸一（真实宣说不以生等改变之义）分二：一、无变亦显现变化之理；二、广说彼义。

子一、无变亦显现变化之理：

解脱生死与病老，如实证悟此自性，

离生等祸以彼因，具慧悲众故依存。

圣者菩萨解脱蕴重新形成的生、相续灭亡的死、产生痛苦的病及相续变异的老，如实真正现量证悟此如来藏法界的自性或实相真如而安住的缘故，远离以业及烦恼所牵生等之灾祸及痛苦，也是清净无变。如此也是由一五一十证悟法界的因使具慧菩萨生起想使没有证悟此理的众生远离所有痛苦的大悲而安住的缘故。为利益他众以愿力等故意受生三有，为了遣除常执而依存生老病等，住于轮回，于他现（指他众的感受）前也显现不清净与有变化。

子二（广说彼义）分二：不以痛苦变化之理；二、由悲心显现变化之理。

丑一、不以痛苦变化之理：

圣者已根除，死病老痛苦，

以业惑感生，彼无故无彼。

获得意自性身的菩萨圣者众无余已经根除了不由自主死亡的痛苦、病患的痛苦及衰老的痛苦，因为那些的因是，以非理作意、业与烦恼所感而转生轮回，菩萨无有那些因，故也就无有以痛苦变化的情况。

丑二、由悲心显现变化之理：

真见真如故，已超越生等，

然悲尊示现，生死及老病。

虽然圣者佛子因为真实现量见到法界无生无变真如而已经超越、解脱了不由自主转生轮回等痛苦，但是作为没有如是证悟之众生的大悲尊主而故意受生世间，示现生、死、病、老等多种变化相，随缘成熟所化众生。

癸二（认清十地佛子功德）分五：一、发心功德；二、入胜行功德；三、得不退转功德；四、最后有功德；五、宣说成办二利之差别。

子一、发心功德：

佛子证悟此，无变法性已，

无明蔽众见，生等诚稀有。

住一地的佛子菩萨初次现量证悟此无有以生等改变自性清净的心法性界之后，自己解脱了生老病死的真正痛苦。但以无明白翳蒙蔽慧眼的其他众生，见到彼等菩萨有生及“等”字包括的老病死的情形，而成熟所化众生，这实在是稀有、奇妙的事。

获得圣行境，示于凡行境，

故成众生亲，方便大悲尊。

如是远离罪业不善法道，获得圣者行境——现量见到法性、解脱生老的果位，于凡夫异生没有解脱生死的行境中示现生等多种幻化而成熟所化众生，由这种缘故，成为无余众生的至亲或殊胜亲友菩萨精通以（四）摄成办他利的方便，它引发的大悲堪为最胜。

子二、入胜行功德：

彼离诸世间，世间中不动，

利世于世间，不染世垢行。

如莲生水中，不为水所染，

此虽生世间，不染世间法。

住二地至七地间的菩萨，以智慧力真实超越了一切世间行为，但以悲心驱使而于世间中不动，为成熟世间所化而于世间受持生等形相，也丝毫不染世间过失之垢而行持菩萨的广大行为，如同莲花生于水中却不为水过或水垢等所染。同样，圣者佛子虽然为利他而投生世间，但永远不染烦恼等世间过失法。

子三、不退转功德：

成办所为事，心恒如火燃，

恒常入定寂，静虑等至中。

住八地的菩萨成办他利所为事，自心恒常无勤作，就像干柴遇到强力的火自然燃烧一样，是以这种方式趋入。不仅如此，而且与之同时，也是不间断恒常入定于寂灭戏论相的静虑等持等至中。

子四、最后有功德：

先前引业感，离诸分别故，

彼为成熟众，非为勤作行。

住十地的菩萨以先前九地之前的愿等引业所感任运自成行持，以完全转依的方式断除远离一切等起分别念的缘故，最后有者，为成熟所化众生也不是有必要勤作而行。

或说或色身，或行或威仪，

应机予调化，彼知如是性。

恒常任运成，普天之众生，

无碍具慧彼，真行众生利。

如此不管是语事业也相应意乐而说法，或者身事业随缘示现多种色身幻化，或者广大的利他行为，或者以漫步、站立等的种种威仪，应机调化的佛子，真实了知该如何行持应理的事业，无勤而趋入种种，如是恒时无有勤作任运自成利益遍虚空际的无量众生，无碍行持者具慧菩萨，特为成熟所化众生而以自本体真实无倒行持成办众生利益的事业。

子五、宣说成办二利之差别：

菩萨之此理，后得于世间，

真实度众生，与如来等性。

住十地的菩萨行持事业的这种方式，即是观待后得能成熟他众在世间中任运自成不间断真实救度一切所化众生脱离轮回苦海，与断证究竟的如来是平等性，因为他们已经获得了六通、十自在等殊胜功德。

然如地与尘，海与蹄迹水，

佛陀与菩萨，差别亦如此。

虽然十地菩萨利他与佛陀等同，但观待自利的断证功德差别极大，就像大地与微尘的差别、大海与牛蹄迹水的差别一样，圆满佛陀的究竟功德与十地菩萨道功德的差别也是这么悬殊。也就是说，菩萨没有断除无明地等极细障碍，如来也断除了那些，因为获得具法身四功德波罗蜜多。

壬三（极清净分位亦无变之理）分二：一、略说无变之理由；二、广说彼义。

癸一、略说无变之理由：

无尽具法故无变，无后际故众皈依，
不分别故恒无二，无作性故无灭法。

法界极清净分位，如来法身不是舍弃了其他身体变异的本性常有之义，因为于无余涅槃的法界中也不穷尽具足胜义无量功德法。如是具有成为一切众生无欺殊胜皈依处之义，因为无有后际、触及边际——乃至轮回存在间具有救护的功德。无垢法界恒时具足无有轮涅二法之自性寂灭之义，因为具足不分别轮涅过功之功德。也具足永久无有毁灭的法性永恒之义，因为具足无有以业和烦恼造作之自性功德。

癸二（广说彼义）分三：一、远离生等之义；二、摄义承接；三、安立常有等之因。

子一（远离生等之义）分二：一、各自宣说；二、对应广说。

丑一、各自宣说：

无生亦无死，无害亦无老，

彼乃常坚故，寂灭永恒故。

这个极清净自明光明藏是最初无生，最终无死，中间无有疾病损害，无有变异衰老，依次因为它是常有的、坚固的、寂灭的、永恒的。

丑二、对应广说：

彼即意性身，不生常有故，

不可思死殁，不死坚稳故。

细微习气病，不害寂灭故，

现行无漏业，不老永恒故。

如来的界性，初始不以意自性身而产生，因为常有不变。如是最终以不可思议变异的死殁也不能使法界死亡，因为无欺坚稳。中间细微的无明习气之病也不可损害，因为寂灭二法执著等。不以现行无漏业而衰老，因为不灭永恒。如此尚且不以意自性身的“生”等改变，不以普通生等改变就更不用说了。

子二、摄义承接：

二句如是二，二二依次第，

了知无为界，常有等之义。

以“常有”等理由证成“无生”等，以“无变……”每一句略说之广解，如是“具无尽”等两句、“等同边际”等两句、“不分别”等两句、“无改功德”等两句按次第，依经中来了知不以因缘造作的法界如来藏是常有之义，以及“等”字包括的坚固之义、寂灭之义、永恒之义。

子三、安立常有等之因：

具无尽德故，非变性常义，

等同边际故，皈依性坚义，

不分别性故，无二法性寂，

无改功德故，无毁义永恒。

因为法界自性清净现量的法身即使于无余涅槃法界也具有无尽的无量功德，故具足永远不是变异的本性常有之义；因为等同轮回的边际相续不断摄受，故具足永不欺惑的皈依本性坚稳之义；因为是不分别二边之自性，故具足有寂无二寂灭法性之义；因为不以因缘改造、无为法功德，故具足永久无毁灭之义，即永恒之义。

庚八（功德无别之义）分二：一、以名义略说；二、广说彼等本体。

辛一、以名义略说：

彼即法身即如来，圣谛胜义之涅槃，

故如日光德无别，佛外无有余涅槃。

如来藏极其清净的分位，它是一切佛陀的法身，同样也是如来，也是圣谛、胜义涅槃，因此这些仅是名称的差别。为此，就像太阳与阳光无别一样，十力等胜义功德无别，因此，除圆满佛陀外，无有其余真正的涅槃。

辛二（广说彼等本体）分三：一、广说名称差别；二、广说意义本体；三、以比喻决定彼等。

壬一（广说名称差别）分二：一、以四义说四名之理；二、与彼等意义对应解说。

癸一、以四义说四名之理：

略摄无漏界，以四义类别，

可知法身等，四种名差别。

总之，无漏法界如来藏，以将要讲的佛陀之法无别等四种意义不同分的类别，可知与之相应的法身等刚刚所讲的四种名称差别。

癸二、与彼等意义对应解说：

佛法无有别，获得彼种姓，

无妄无欺性，自性本寂灭。

法界自性清净，从具足佛陀之法力等胜义功德无别之义的角度，称为法身；从如实现量获得佛陀的种姓从无始以来安住的法性之义的角度，称如来；从如来藏具足永不虚妄、恒常无欺不变异的法性、堪为圣者智慧行境之义的角度，称为圣谛；从具足法界本来自性清净寂灭所有客尘的角度，称为涅槃。

壬二（广说意义本体）分二：一、广说无二之义；二、广说涅槃之义。

癸一、广说无二之义：

诸相正等觉，断垢及习气，

佛陀与涅槃，胜义无二性。

由于现量了知如所有尽所有一切所知法的一切相，因此真实圆满菩提，称为佛陀。无余永断客尘二障及习气，称为涅槃。如此，对究竟证悟立名为圆满佛陀与对究竟断立为不住之涅槃，仅是名称的不同而已，真实集于如来界性一义中。因此，圣者殊胜智慧之行境的意义，就是于无漏法界中不可分割、无二无别。

癸二、广说涅槃之义：

一切相无数，无思无垢德，

无别相解脱，解脱即如来。

广大种姓无量无边，因此是一切相功德；别法无量无边，因此是无数功德；甚深难测，因此是无可思维之功德；清净二障连同习气，因此是无垢功德。现前无漏法界中具足无别法相的法身，就称为究竟解脱涅槃。

真正的解脱，它从现量证悟真如的角度也是如来藏。

壬三（以比喻决定彼等）分二：一、以图画比喻决定；二、以太阳比喻决定。

癸一、以图画比喻决定：

犹如绘画者，精通各有别，

知某分支者，去他处不定。

比如，绘画神像等画的人，只是精通头、手等等各不相同的一个部分，如果其中了知头部之类任意分支的画家去了其他地方，那就不能确定或绘画他的那一份。这是总说。

复次君主王，赐布命彼等，

汝等所有人，于此绘吾像。

之后，有一次，君主国王赐给了他们一幅画布命令说：你们所有画家在这幅布上，完整画出国王我的形相。

彼等听从命，尽力行画事，

正当行彼等，一人赴他境。

因彼往他境，不全故彼画，

一切诸分支，不能皆圆满。

他们听从君主大王命令而尽力绘画各自的那一部分画。正当绘那幅画时，画家中诸如了知绘画头部的一人外出去了别处。因为画头的人去了别处导致一位画家不全，故国王的画像头等一切分支就不会完整。《顶宝请问经》中以此作为表示此义的比喻。

能绘一切者，具施戒忍等，

一切相之最，空性说成像。

能圆满绘出所有分支的画家表示的意义，即是无贪的布施、无罪垢的持戒、无扰乱的安忍，以及“等”字包括的欢喜善法的精进、一缘专注的静虑、辨别法的智慧。现前具足一切方便之最的空性法身，就说如同圆满画出国王像的画家。总之，一位画师不全，也不能使画完美，一切齐全才能圆满。同样，如果一个方便不全，也不能圆满功德，一切齐全才能圆满成就功德，与它们无别的解脱涅槃是究竟的果，于一切等同。

癸二（以日轮比喻决定）分二：一、以四种同法说明与日轮等同；二、佛外无究竟涅槃之理。

子一、以四种同法说明与日轮等同：

慧智及解脱，明射清净故，

无异故与光，光辉日轮同。

与四种功德无别的妙慧、本智与解脱，依次是能明、能射、能净的缘故，这三种也是无异，因此，光明、放光、太阳清净这三者无异，与太阳是同法。

子二、佛外无究竟涅槃之理：

故未成佛前，不能得涅槃，

如离光光辉，不能见日轮。

无始以来安住的界性自性清净如来藏中（十）力等一切胜义功德无别，现前它就是究竟解脱，因此，在没有证得照见一切所知无碍智慧的佛果之前，不会获得解脱一切障碍的究竟涅槃，比如，离开了光明、放光，无法见到清净的日轮。

己四、解说之摄义承接：

如是如来藏，安立说为十，

住惑壳内彼，以诸喻可知。

上面广述的道理，等同后际恒常法性如来藏法界，抉择的道理或安立，从本体意义至功德无别之义间的十种内容善加明确宣讲了，这是已解说内容的摄义。从无始时以来安住却不相属的自性无量俱胝客尘烦恼壳封闭之内存在无始以来安住并相属的自性清净法性藏，能表明它的九种比喻当依照《如来藏经》可了知。这是将要讲的内容的承接文。

己五（依承接以比喻宣说）分二：一、有垢真如共同同法对应；二、垢染与如来藏二者各自同法对应。

庚一（有垢真如共共同法对应）分三：一、略说法界周遍众生之理；二、

广说其喻义；三、摄说无始之理。

辛一、略说法界周遍众生之理：

败莲中佛蜂中蜜，糠中精华粪中金，
地下宝藏小果芽，破衣之内如来像，
贱女腹内人中王，泥中具有珍宝像，
如是烦恼客尘障，众生中住此佛性。

如同颜色败落、凋零的莲花之内存在的相好庄严的佛身一样，以客尘烦恼遮障的众生有此法界自性清净如来藏。如此类推，众多蜜蜂群围绕中有营养丰富的蜂蜜，麦芒、糠秕中有未衰败的稻子等粮食的精华，不净的大粪坑里有优质的纯金，土地覆盖的下面有无尽大宝藏，在小果种子皮内有具逐渐生长力的树芽等，有垢的破衣包裹之内有珍宝所成的佛像，肤色、装束等低劣的女人腹内或胎里有人君转轮王，泥模里有金子珍宝造的像，同样，烦恼客尘遮障的众生中决定住有此佛性或法界自性清净如来。

对应解说：

垢如莲花蜂，糠秕与粪地，
果皮与破衣，剧苦逼女泥。
佛蜜精金藏，涅珠宝佛像，
洲主尊宝像，同无垢佛性。

能障碍自性清净的客尘烦恼如同莲花、蜜蜂、麦芒等糠秕、粪坑、土堆、果皮、破衣、无怙等剧苦逼迫的弱女子及黑泥土；佛身、蜂蜜、粮食精华、金条、珍宝藏、涅珠达等树、珍宝造的佛像、四洲主尊转轮胜王、金宝像，等同于最胜无垢清净佛性如来藏。

辛二（广说其喻义）分三：一、以九种比喻说明众生中安住法界之理；二、广说一切净法界垢之理；三、复次善加对应明示。

壬一（以九种比喻说明众生中安住法界之理）分九：一、如败莲中佛；二、如蜜蜂中蜂蜜；三、如糠秕中果实；四、如粪中金条；五、如地下宝藏；六、如皮中苗芽；七、如破衣中佛像；八、如女人怀王；九、如泥模中金像。

癸一（如败莲中佛说明众生存在法界之理）分三：一、能表之喻；二、所表之义；三、对应解说。

子一、能表之喻：

如色败莲住，妙相如来尊，

无垢天眼见，令从莲苞现。

如同败落莲花中的佛陀一样，众生中有法界之理，好比色泽败落的莲花瓣裹覆之内住有妙相随好威光奕奕的如来身，具有无垢天眼通的人现见后又特为给他人显示，令佛身从莲花瓣苞中现出。

子二、所表之义：

善逝遍无间，佛眼见自性，

无覆住后际，悲尊令解障。

同样，自性清净的善逝法身也是周遍下至住无间地狱的一切众生之理，佛陀智慧眼照见自他一切众生具有法性如来藏，完全无有遮蔽，乃至后际——轮回存在之间，等同的边际安住而愿利益有情的大悲尊主也特为他众明示法界，令所化众生逐渐解脱客尘障碍。

子三、对应解说：

如凋零闭莲中佛，天眼见已除莲瓣，

见贪嗔等垢壳覆，众具佛藏悲摧障。

犹如颜色凋零、闭合的莲花内有的相好庄严的如来身，具天眼通者见到佛身在那莲花之内，为了显出佛身便斩除遮障的花瓣苞。同样，照见贪嗔等无量烦恼客尘壳遮障的所具有众生都有圆满如来藏法界，对没有证悟这一点的众生，能仁王也像除去遮障佛身的莲花瓣一样以无量悲心，为了必定摧破一切众生的烦恼客尘障碍而行持事业。

癸二（如蜜蜂中蜂蜜说明众生中安住法界之理）分三：一、能表之喻；二、所表之义；三、对应解说。

子一、能表之喻：

如蜂群绕蜜，智士寻求彼，

见已依方便，令蜂群离彼。

如同蜜蜂群团团围绕守护的味道鲜美、营养丰富的蜂蜜，精通观察蜂蜜的智士因寻求蜂蜜，看见蜜蜂包围的中央具有后依靠放烟等种种方便法使蜂群完全离开蜂蜜，从而得到蜂蜜。

子二、所表之义：

大仙遍知眼，见智界如蜜，
彼障如蜜蜂，而令永断除。

大仙人圆满佛陀以现量遍知一切所知相的佛眼照见如来界性各别自证智慧如同蜂蜜周遍一切众生后，宣说永断如蜜蜂般的法界客尘障碍及种子的正道，令他们现前法身。

子三、对应解说：

无数蜂障蜜，寻求蜂蜜人，
驱散彼等蜂，如愿行蜜用。
众具无漏智，犹如蜂之蜜，
烦恼如蜜蜂，善毁佛如士。

犹如完美的蜂蜜被成千上万俱胝那由他蜜蜂遮挡，寻求蜂蜜的人见后千方百计驱散外面的那些蜜蜂，如己所愿，药用食用等发挥蜂蜜的作用。同样，众生心的自性具有无漏智慧如来藏如同蜂蜜，客尘烦恼如同蜜蜂，精通摧毁烦恼、现前法界之方便的胜者圆满佛陀犹如取蜂蜜之士。

癸三（如糠秕中果实说明众生有法界之理）分三：一、能表之喻；二、所表之义；三、对应解说。

子一、能表之喻：

如具糠粮食，不为人所用，

希求食等者，糠中取出彼。

犹如有外面糠秕的稻子等粮食，在没有脱离开糠秕期间，不会成为人们所受用的美好食物，如果离开了糠秕，就会成为上等的食品等。因此，希求所受用之饮食等的人，他们会从外面糠秕之内取出粮食。

子二、所表之义：

众具烦恼垢，相杂佛亦尔，

未离杂惑垢，佛业不现有。

同样，众生具有的与烦恼客尘相杂的自性清净佛陀圆满如来藏，也是在没有脱离相杂烦恼垢障期间，佛陀如来的无量事业不会在欲界、色界、无色界三有中示现。一旦离开了障碍，佛陀的事业才会出现。

子三、对应解说：

如稻荞麦稞，果实未出糠，

未熟则不为，人所用美食。

众具法自在，未脱惑壳身，

惑饥逼众前，不赐法喜味。

有粮食麦芒的果实稻子、荞麦、青稞果实等，在没有从各自糠秕中出来，还没有成熟为可受用的精华之前，不会成为人们所受用的食品等具美味的事物。同样，众生的自性中周遍存在诸法自在如来藏，对于没有解脱如糠秕般烦恼的身体并以如饥饿般的无量烦恼逼迫的众生，不会赐予他众正法之喜与大乐之味。他们只有断除烦恼，才能为众生宣说广大正法。

癸四（如不净中金条说明众生有法界之理）分三：一、能表之喻；二、所表之义；三、对应解说。

子一、能表之喻：

如人游时金，落入脏腐处，

不坏彼依然，安住数百年。

具净天眼天，见已告人言：

此有金至宝，净此制成宝。

如同游走于大街小巷时的有些人带有宝物大金条，因为忘失而落入、丢到不净肮脏腐蚀物充满的地方，由于不坏的纯金自性不会变异，因此它在那里如前一样住了数百年。一次，具有清净天眼的天人见到那里有金子后以利益的心态告诉某人说："取出不净处中有的这个至宝上品黄金，净化外面的泥垢，如愿制成珍宝佛像、饰品等。"

子二、所表之义：

佛见陷不净，惑中众生德，

为净惑淤泥，于众降法雨。

同样，胜王能仁也是照见沉陷于如不净般的客尘烦恼中的众生具有功德法界真如如优质金子般周遍一切后，为了清净如淤泥般的烦恼而于堪为所化的众生降下如雨般的妙法并予以宣说。

子三、对应解说：

天见落脏腐处金，为净策励示最妙，

佛见堕脏惑佛宝，遍众为净说正法。

如同落入、掉到肮脏腐烂不净物之内的优质金子，后来被天人看见，为了完全清净不净的淤泥，他见后策励对人显示最妙的金子。同样，圆满佛陀如来也是照见堕落于如不净大泥沼般的烦恼中如珍宝般的圆满如来藏真如周遍于一切众生之后为了清净法界的客尘烦恼而于所化众生应机宣说妙法。

癸五（如地下大宝藏说明众生住有法界之理）分三：一、能表之喻；二、所表之义；三、对应解说。

子一、能表之喻：

如贫舍地下，具有无尽藏，

彼人不知彼，藏不说我此。

如同饥饿逼迫、穷困潦倒的某人自己家里，土堆压着的下面有用之不尽的大宝藏，可是那穷人不知道大宝藏就在自己舍宅的下面，那宝藏也不会说“我在此地下，请取出随意享用”。结果，那人明明有宝藏却感受贫困的痛苦。

子二、所表之义：

入心内宝藏，净无破立性，

未证此众生，常受多贫苦。

同样，装入众生心内的宝藏自性清净无垢，无有重新所要建立的胜义功德，无有前有过失所要遣除的法性自性中安住的种姓如来藏也是被客尘遮障的缘故，没有证悟自本性具有，导致这芸芸众生不间断感受贫乏无漏功德财富的无量众多世间痛苦。

子三、对应解说：

贫舍有宝藏，宝藏于彼人，

不说我在此，彼人不知彼。

法藏住心舍，众生如贫者，

为令彼得彼，仙人诞生世。

就像穷人家里地下有无尽的大宝藏，而宝藏也不能对那个穷人说“我在这里”，那人也不知道那宝藏在自己的家里，因此摆脱不了贫穷的痛苦。同样，具有无量无漏功德的法界宝藏虽然住在自己心的家舍里，但不知此理的众生就像没有获得已有宝藏的穷人一样，如同某位智士教给那人取出宝藏的方法一样，为了使所化众生从客尘地下取出法界宝藏而现量获得具二清净的法身，大仙人圆满佛陀于无量世间界真实诞生而宣讲妙法。

癸六（如皮中苗芽说明众生中有法界之理）分三：一、能表之喻；二、所表之义；三、对应解说。

子一、能表之喻：

芒果等树果，有种芽无坏，
耕田灌溉等，渐次成树王。

如芒果树、多罗树等树果皮内具有的种子遇到外缘时会生出苗芽，没有以障碍破坏，具足认真耕作良田、应时灌溉、肥料充足等顺缘，逐渐会形成应有尽有的参天大树。

子二、所表之义：

众生无明等，果皮内界善，
如是依彼善，渐成能仁王。

众生的无明等烦恼客尘果皮之外皮包裹之内的法界或界性善如来藏

也像因缘齐全的情况下次第长成妙树一样，依靠修行福慧二资粮的善法而次第经行地道，成为能仁王圆满佛陀。

子三、对应解说：

如依水日光，风地时空缘，

多罗及芒果，果皮内生树，

众生惑果皮，内圆佛种芽，

如是由善缘，见法得增上。

如同依靠令湿润的水，令成熟的阳光、令不腐的风、令受持的地以及春天等暖季、提供空间的虚空等众缘，使多罗树、芒果树等果皮壳内中次第生长果树。同样，众生如同果皮一样的烦恼客尘内如同种芽一样的圆满佛藏也是像由众缘聚合生长妙树一样，由那些成为解脱之因的二资粮善缘而现量见法界，次第增上，获得圆满佛果。

癸七（如破衣中佛像说明众生住有法界之理）分三：一、能表之喻；二、所表之义；三、对应解说。

子一、能表之喻：

如宝造佛像，垢秽破衣裹，

置路天人见，为解言彼事。

如同种种珍宝制作的殊妙佛像由垢秽破烂的衣服包裹，放在十字路口，但是人们没有见到，一次，天人看见它后为了解开垢秽的遮覆物而对人们说了在路中央的佛像之事，并作指示。

子二、所表之义：

无碍眼照见，异惑裹佛性，
亦遍于旁生，为解示方便。

无碍照见一切所知的佛陀以其具有的智慧眼照见贪等种种烦恼客尘包裹的如来藏真性，也周遍于下至粪坑里的蛆虫等旁生，之后如同去除佛像的遮覆物般为了令解脱法界的客尘而开示实修道的方便无量妙法门。

子三、对应解说：

如宝性佛像，垢秽破衣裹，
置路天眼见，为解示于人。
见惑破衣裹，住于轮回道，
佛性畜亦具，为解佛说法。

犹如珍宝自性所成的美妙如来像，由垢秽的破衣包裹，置于十字路口，具有清净天眼的某位天人看见它后，为了令解脱那个低劣的遮覆物，对人们明示。同样，照见由烦恼破衣的遮障包裹住于三有轮回道中的佛性如来藏，甚至旁生等下劣众生也具有后，为了令解脱客尘，圆满佛陀相应所化缘分宣说妙法。

癸八（如女怀王说明众生住有法界之理）分三：一、能表之喻；二、所表之义；三、对应解说。

子一、能表之喻：

貌丑无怙女，住于无怙处，

胎怀国王尊，不知在自腹。

如同相貌丑陋、无依无怙的某个女子住在客店、十字街头等无有依怙的住处，本来她自己的胎里怀有具足转轮王福德的具相童子，但由于胎盘遮覆，她不知道君王在自己腹中，结果有着受人欺凌等的畏惧和痛苦。

子二、所表之义：

生三有如无怙舍，不净众生如孕妇，

彼怀王故有依怙，无垢界如住彼胎。

转生于三有轮回之种种处有着痛苦的缘故，如无依无怙的舍宅一样，不清净客尘烦恼的众生虽有依怙却不知晓，就像胎中怀有国王的孕妇一样，如同那个女人因怀着国王的缘故有依怙一样，众生因为具有法性而拥有最殊胜的依怙，自性清净无垢界性如来藏现前就会救离一切畏惧，因此如同住在那个女子胎中的国王一样。

子三、对应解说：

身上著垢衣，丑女怀君王，

无怙舍宅中，感受大痛苦。

如是自内住，有怙思无怙，

有情因烦恼，意不寂受苦。[1]

比如，身上穿着有垢的破衣，形色等丑陋相貌的某个女人胎中怀有国王童子，但由于她不知晓，故而住在无依无怙的房舍里，倍受他人欺凌等大痛苦，同样，自身之中虽然住有心的自性光明怙主佛性，但由于没有证悟，故具有认为无依无怙之心的众生随客尘烦恼而心不寂静，行有漏业，因此处于感受畏惧轮回等痛苦之境地。

癸九（如泥模中金像说明众生住有法界之理）分三：一、能表之喻；二、所表之义；三、对应解说。

子一、能表之喻：

如内金像形圆满，灭尽自性外泥性，

见知彼者为净化，内金去除一切障。

如同泥模内的金子制成、量度和形相圆满、庄严的佛像，自本体无垢清净，但外观上是有黑泥覆盖的自性，有识之士见而了知这一点，为了净化里面的纯金之垢，千方百计除去黑泥等一切遮障。

子二、所表之义：

见自性光明，诸垢客尘性，

1 此两颂，藏文为一长颂，每句十七字。

令如宝源众，净障证大觉。

照见心的自性如来藏本来光明、清净，贪等烦恼之垢也是可断除的客尘性后，宣说使如上等金宝制作的像由出处泥模覆盖般的众生净化见法界之障客尘的方便妙法者就是现前大菩提的佛陀。

子三、对应解说：

无垢灿金造，泥内之佛像，

灭尽之自性，智者知除土。

遍知知如净，纯金寂灭心，

说法捶打行，去除一切障。

犹如自性无垢清净光灿灿的上等纯金制成、放在铸造时的黑泥模内的佛像，自本体是灭除垢染的珍宝像自性，精通观察的有智之士了知后进行捶打等能次第除去遮覆的泥模等之垢的方便。同样，现量了知一切所知相的佛陀智慧也彻知如自性清净垢染的纯金像般烦恼原本寂灭之心的法性如来藏周遍一切众生后，以他们相应各自缘分说法的方式通过如除泥模的捶打方便之修行净除现前自性的障碍客尘。

辛三、摄说无始之理：

莲花蜂糠秕，不净粪与地，

果皮及破衣，女人胎泥模。

所谓凋谢的莲花、蜜蜂、糠秕、不净粪、大地、树果皮、有垢破衣、女人胎、黑泥模都是表示垢染的比喻。

如佛蜜果实，纯金宝藏树，
宝像转轮王，以及纯金像。

相好庄严的佛、美味营养的蜂蜜、大米等粮食的果实、不变异的纯金、无尽大宝藏、有果的妙树、美妙的珍宝佛像、转轮王、纯金像是表示如来藏的比喻。

众界烦恼壳，无系无始时，
心自性无垢，无始如是说。

表示它们的比喻是说，能障碍众生之界性真如的烦恼之壳，于自性无有相属，因此是客尘性，但与法界一起从无始以来一直安住，它们存在于哪呢？众生心的自性如来藏原本无垢俱生智慧从无始以来一直安住。

庚二（垢染与如来藏各自同法对应）分二：一、表示客尘差别之理；二、表示自性法界差别之理。

辛一（表示客尘差别之理）分四：一、能障垢之分类；二、彼障碍众生法界之理；三、详细对应各自喻义；四、归纳解说彼等总义。

壬一、能障垢之分类：

贪嗔痴及彼，强现行习气，

见修道所断，依不净净地。

障碍法界自性清净的客尘，依理摄略有九种，具体来说，

1–3. 远离世间贪心的相续中具有的不动行之因能成就色界无色界，是以出世间智慧所摧毁，它们是贪随眠、嗔随眠、痴随眠，即它们的习气或种子三种一一计算。

4. 没有离贪等的相续中具有的福德非福德行之因只会形成欲界，是修不净观等的心识所摧毁，它们是贪嗔痴及其强烈现行三毒作为一个。

5. 阿罗汉相续中具有的行无漏业之因，是由能成就意性身的大菩提智慧所摧毁，它以无明习气所摄。

6. 共同异生有学相续具有的法性，由现量见谛的智慧所摧毁，它是见所断。

7. 有学圣者相续具有的已现量见的法性，是以修道智慧所摧毁，它是修所断。

8. 尤其未究竟的菩萨相续中具有的一地至七地间的违品。以修三清净地的智慧所摧毁，它是依于不清净地的所断。

9. 究竟的菩萨相续中有的清净三地的违品是金刚喻定所摧毁，它是依于清净地的所断。

九垢以莲苞，此等喻尽宜，

随烦恼之壳，分类无有量。

如此一来，就粗大易证而言，贪等九种垢染以莲花苞、蜜蜂等九种比喻，次第表示、明显宣说遮障如来藏的随烦恼之壳。以实体类别细分，有八万四千及无量俱胝分类等，就像如来的智慧无量分类一样。

壬二、彼障众生法界之理：

贪等此九垢，略摄依次第，

以莲花苞等，九喻真实宣。

此垢令凡夫，罗汉学具慧，

次第四与一，二二不清净。

出有坏佛陀教诫："一切众生具如来藏，"由障碍它的（贪等）九种客尘所遮障，异生凡夫、声闻缘觉阿罗汉、住共同有学道者、殊胜具慧菩萨皆不清净。略而言之，如上次第，莲花苞、蜜蜂、糠秕、不净等九种比喻真实说明九种障碍，以佛身、蜂蜜、果实、金子等真实说明法界，前四种障碍的三毒随眠垢染令上界凡夫不清净，以彼等强烈现行令欲界凡夫不清净，阿罗汉不清净，有学具慧者不清净，次第四种不清净。也就是依次为，前四种障碍的三毒随眠令上界凡夫不清净；以彼等强烈现行令欲界凡夫不清净；以无明习气一者令阿罗汉不清净；如是见所断与修所断两者使有学凡夫与有学圣者二者不清净；依于不清净七地的垢染、依于三清净地的垢染二者令究竟菩萨不清净。某某行者具有什么主要所断，就成为现前究竟法界的障碍。

壬三、详细对应各自喻义：

如莲淤泥生，现前心欢喜，

后成不欢喜，贪喜亦如是。

犹如莲花从淤泥中新生，呈现在见者眼前，即刻令人内心极其欢喜，后来没过多久，花已凋零，不再被人喜欢。同样，贪随眠烦恼也是由非理作意中产生的爱恋现前时欢喜，后来灭尽时不再欢喜，见到莲花的欢喜也是这样，因此贪随眠如同莲花。

犹如蜜蜂群，烦乱而蜇刺，

如是生嗔者，令心生痛苦。

如此类推，如同迷恋蜂蜜的蜜蜂对于采蜂蜜的他人以嗔恨而心烦意乱，蛰别人使他们产生刺痛，同样，嗔随眠烦恼增上，真实生起嗔恨结果也使自他心里产生刺痛，因此嗔随眠如蜜蜂。

如粮等果实，外在糠秕覆，

如是见藏义，无明蛋壳蔽。

犹如大米等粮食果实被外面的麦芒等糠秕遮覆而见不到。同样，见如来藏法界自性光明之义也以如蛋壳般的无明愚痴随眠等遮蔽而见不到，因此痴随眠如糠秕。

不净不合意，如是具贪众，

依欲是因故，现行如不净。

不净物是不合心意的肮脏处，同样，欲界具贪众依靠欲妙等是诸多恶行之因的缘故，三毒烦恼的强烈现行如同不净大粪堆，是所厌离的染污处，现行三毒如不净粪。

如宝覆盖故，不知不得藏，

众生自然性，无明习地障。

如同无尽大宝藏被许多土覆盖、隐藏，贫穷人不知有宝，不会得到宝藏，同样，如同穷人般的众生因为见具有无尽功德的自然本智被无明习气地遮障而不得见，因此无明习气地所摄如土。

如芽等渐生，能破种子皮，

如是见真如，遣除诸见断。

如同妙树的芽、干、枝等逐渐生长，次第能破除种子的外皮，同样，以次第见到法界胜义真如而逐渐遣除见所断的烦恼，因此见断如同果皮。

与圣道相属，摧坏见心者，

修道智所断，说为如破衣。

与现量见到圣道四谛法相属、摧毁执著五蕴的我执我所执的坏聚见等所断之核心或主体见断之敌的阿罗汉相续中具有已经现量见法性，是修道智慧所断，是灭尽粗大的剩余部分，说为如同有垢的破衣。

修断如破衣。

依于七地垢，犹如胎包垢，

犹如离胎包，无念智如熟。

依于不清净七地的垢染，障碍所见，具有勤作，因此如同胎包之垢。如同远离胎包般解脱了那些垢染，八地等现前了无有勤作、任运自成的无分别智慧，如同转轮王成熟、诞生。依于七地的垢染如同胎包。

随系三地垢，当知如泥染，

是以大本性，金刚喻定摧。

应当了知，随属三清净地的细微垢染，无勤作中便能断除，因此如同金像被少许泥土染污一般。它是以对治大本性的金刚喻定所摧毁。

因此，随系三清净地的垢染，说为如同泥土。

壬四、归纳彼等总义：

贪等九种垢，如同莲花等。

上面详细对应同法的道理，如此这般，贪嗔等能障碍法界的九种客尘依次对应莲花、蜜蜂等九种比喻。

辛二（表示自性法界差别之理）分三：**一、略说以九喻表示三法之理；**

二、各自分析彼义；三、广说各自本体。

壬一、略说以九喻表示三法之理：

三自性摄故，界性如佛等。

将要讲的三自性所摄的界性如来藏，对应佛身、蜂蜜等能表示精藏的九种比喻。

壬二、各自分析彼义：

三自性是什么呢？

此自性法身，真如与种姓，
彼是以三喻，一五喻可知。

此法界如来藏的自性，有自然本智的法身、不变异的真如及成佛的种姓三种。

若想：如何以九种比喻表示它们呢？这三种自性依次是：以佛身、蜂蜜及粮食果实三种比喻可以了知法界所具的法身自性；以金子这一种比喻可以了知真如自性；以宝藏、妙树、宝像、转轮王、金像五种比喻可以了知成就三身的种姓自性。

壬三（广说各自本体）分三：一、广说法身之喻义；二、宣说真如之喻义；三、广说种姓之喻义。

癸一（广说法身之喻义）分二：一、宣说法身之分类；二、彼等与比喻对应。

子一、宣说法身之分类：

当知法身二，法界极无垢，

彼之等流说，甚深种种理。

应当了知，自性法身有真实与假立两种分类。法界如来藏完全无垢自性光明，堪为佛陀各别自证智慧的行境，是真实的证法身；证悟或获得它的等流因而了知所化缘分形成的教法是假立的教法身。这二者也被视为由所诠与能诠或果与因的差别而分的。教法身也有两种，就真如胜义谛而言，从菩萨经藏着手宣说甚深的法理；就随顺众生种种意乐的世俗谛而言，从经等三藏十二部着手宣说广大的种种法理。

子二、彼等与比喻对应：

出世故世间，此喻不可得，

如来与佛性，唯是相似说。

所证的自性清净法身，是真实超出一切世间法的缘故，在世间中能表示此法身的比喻了不可得。因此，住于莲花内的如来自然身与自性清净的佛性二者仅是以部分相似而宣说的。

宣说深细理，如蜂蜜一味，

宣说种种理，如异皮果实。

应当了知，证悟它的等流因甚深难测，具足功德，因此宣说细微甚深胜义理是为了说明一切法在真如中一味一体，如同蜂蜜于香甜中一味一体一样；宣说广大十二部经等种种方便法理是为了证悟真义而次第引导的种种相关意义，因此就像种种皮壳中有所享用的粮食果实一样。

癸二、宣说真如之喻义：

自性无变异，善妙清净故，

是说此真如，如同纯金像。

如云："如来出世也好，没有出世也好，诸法法尔如是安住。"心的自性即使随系于无量烦恼痛苦，但以清净光明无变的缘故，称为真如。它如同优质纯金不变一样于一切阶段自性无有变异，犹如金子非常美妙般自性善妙堪为最胜，就像金子无有垢染一样原本无有烦恼、清净，以此缘故，即说此法界真如与上等金像为同法。

癸三（广说种姓之喻义）分三：一、以比喻说明二种姓；二、由彼得三身之理；三、彼等对应比喻。

子一、以比喻说明二种姓：

如宝藏果树，可知二种姓，

无始自性住，真受殊胜性。

比如，不以勤作重新形成、具无尽受用的大宝藏自然存在于地下，以勤作成办而具有果实的妙树在园林中逐渐生长，同理可知，能生三身的佛陀种姓也有两种，即从无始以来于心的自性中安住的法界清净自性住种姓，以及缘它以听闻等所行勤作而重新真实得受所生的随解脱分善殊胜的随增性种姓。

子二、由彼得三身之理：

许此二种姓，获得佛三身，

第一得初身，第二得后二。

承许由自性住种姓与随增性种姓这两类种姓之因中获得圆满佛陀的三身之果。也就是说，第一自性住种姓，由行持诸多智慧资粮究竟而远离所有客尘，从中获得第一身——具二清净的法性本性身；第二随增性种姓，于增长中福德资粮究竟而获得后面——显现于近远所化前的受用圆满身及化身这二身。

子三、彼等对应比喻：

当知本性身，庄严如宝像，

自性非所作，功德宝藏故。

具大法政故，报身如轮王，

影像自性故，化身如金像。

应当了知，胜义本性身自性光明以功德最妙庄严，如同珍宝制成的佛像，因其原本自性成立，不是以勤作重新造作，（十）力等功德如同无尽宝藏。由于具足深广大乘法的国政大财富，故显现于清净者前的圆满受用身如同转轮王享受七宝及四洲等财富。依靠胜义身现前的能力而于所化众生心前呈现随机调化的影像自性，因此共同显现的化身如同金像。

己六、以信心证悟教义之理：

自然之胜义，是以信所证，

日轮璀璨光，无目不得见。

原本任运自成、不是依他缘重新产生、自然圆满佛陀的法性胜义谛如来藏，它是异生、声闻缘觉、新入大乘的菩萨依靠了义经典及彼等注释，以诚挚的信心胜解而以总相的方式所证悟的，因为不具见甚深真如之明目，故并不是如实现量证悟，就像明净的太阳，其璀璨的光芒，无眼之人不会现见。

己七、认清所证之义空性：

此无何所破，亦无少所立，

真实观真性，见真性解脱。

远离二边的空性之理是什么呢？这个自性普皆清净如来界性胜义谛

真如，没有任何先前存在所要遣除的染污过失，因为原本远离所有客尘就是它的自性；真实义法界真如也无有少许前所未有所要安立的清净功德，因为（十）力等胜义功德原本任运自成，无别的法性就是它的自性。为此远离二边。以了知胜义的有境智慧真实现量观真如性入定而尽力串习，次第生起现量见到真实法性胜义的智慧而得以解脱所断客尘，也就是见道解脱见断垢染，修道解脱修断垢染，究竟道解脱所有二障及习气。

具有别法相，界性客尘空，

具无别法相，无上法不空。

为此，由于现见如来藏以具足法性有异体差别、可各自分离的法相——可断除的客尘世俗有为法而空，因此远离有边；由于以具足法性无有异体差别、不可各自分离的法相——不可断除的自性胜义无上佛陀之法（十）力等无量功德的法界不是空性，因此远离无边。由于互绝相违，故解脱了有无二俱边，由此也解脱了遮破它的非俱边。因此，解脱二边或四边的空性无误之理就是真如。

己八（宣说以彼等解说之必要）分二：一、以问答略说必要；二、广解说义。

庚一、以问答略说必要：

如云如梦幻，彼说所知空，

复此佛何说，众生有佛性？

问：垢染，犹如不稳固、无有自性的云彩，如同可以享受及领受而无自性的梦中显现，又如显现种种而无自性的虚幻影像，佛陀在宣说中转法轮无相的经藏《广般若经》及《中般若经》等中，以这三种比喻详细宣说了从所知色法至一切种智之间的一切法于一切时处均是空性，无有自性。在末转法轮决定胜义的《如来藏经》等极多经典中，如来圆满佛陀真实语为何又说“一切众生原本任运自成具有自性清净光明的如来藏法界”？前面说“无有”与此处说“有”难道不相违吗？

为断心怯懦，轻视众生劣，

邪执损减真，贪我五过说。

答：没有相违的过失。前面说“无有”是为了遮破执著真实的有实法而宣说客尘不存在。此处说“有”是为了五种殊胜必要而说法界存在。其原因是，如果没有宣说有如来藏，那么众生由于不知自己具有胜义佛陀真如性，产生认为“像我这样的人不能修成菩提”而心生怯懦、不踊跃入道的过失；由于不知他众具有如来藏而产生认为这些众生低劣、轻视不恭敬他们的过失；由不知自他一切众生均具有如来藏而产生将非真实虚伪的客尘自性实际无有而执为有的增益过失、将与真实功德无别的法界原本周遍一切存在而执著为无有的损减过失、不知自他的自性于法界中平等而过分贪爱自我的过失。这五种过失或过患，某种行者具有大部分，为了使他们断除这些而生起欲求获得菩提的欢喜、对一切众生的恭敬、证悟客性无有的智慧、证悟自性存在的智慧、了知自他平等的大慈心，才宣说如来藏法性真如周遍一切存在。

庚二（广说其义）分二：一、解说于他说空性之密意；二、宣说此续中所说法界之功德。

辛一、解说于他说空性之密意：

真实际远离，一切有为相，

烦恼业异熟，以如云等说。

烦恼犹如云，业如梦受用，

惑业异熟蕴，如幻亦如化。

问：如果有如来藏是了义的，那么《般若经》等中所说“诸法空性如云梦幻般现而无自性”的密意是什么？

答：无误的所缘真实际胜义法界无为法，远离一切世俗有为法客尘的生灭住相，以它们而空，是考虑到这一点才说无自性的。

若想：空性的客尘有为法又是指什么呢？贪等烦恼染污、不善等业染污及彼等异熟蕴等的生染污。它们依次以如云等三种比喻相应说明。其中，烦恼是障碍周遍虚空际的众生之自性的客尘，因此如云；由它所引发的有漏业，是以颠倒心产生迷乱的对境，所以如梦中的受用；烦恼与有漏业的果——异熟蕴等，观待外缘显现种种，但如果分析，则无真实自性，因此如同幻术与幻化等。

辛二（宣说此续中所说法界之功德）分三：一、为断过失而说法界之理；二、所断五过如何产生之理；三、断除过失速得功德之理。

壬一、为断过失而说法界之理：

先如是安立，复此无上续，

为断五过失，宣说有佛性。

为了断除有些人对于次第引导所化众生初转四谛法轮认为色等实有的耽著，佛陀先在中转无相法轮时说“诸法皆空、现而无自性如云梦幻”，如是主要宣说无本性的安立。之后对于仅此不舍精进者又再度宣说最甚深法，宣说无上或最后末转法轮——胜义善分辨法轮。由宣说法界不间断，因此如同相续般在讲究竟义的此时，为了断除自心怯懦之想、轻视他众、将垢染执为有、将法界执为无有、过分贪执自我这五种过失而获得欢喜等功德，才以比喻及理由等多种方式极其明确宣说了“佛性清净如来藏周遍一切存在”。

壬二、所断五过如何产生之理：

如此未闻彼，以轻自过失，

心怯之有者，不生菩提心。

如果没有这般宣说“一切众生普遍具有如来藏”，那么也就不会听闻此法理。没有听闻此理，就会以“像我这样的人岂能获得无上菩提”的自轻凌懒惰的过失使心怯懦，失望的有些人，会产生“不生起要现前自之自性胜义佛陀之殊胜菩提心”的过失。

生菩提心者，自诩我殊胜，

于未生觉心，则入下劣想。

还有些人，虽然生起了“应当为利他而成佛”的少许菩提心，但自认为“我安住大乘是殊胜或上等的”，心生傲慢，则由于不知没有发菩提心的他众具有真如而产生入于认为这些众生低劣之想的过失。

如是思维者，不生真实智，

故非真实执，不解真实义。

如是思维无有如来藏的行人，不会产生远离增益、损减的真实智慧，由此产生将非真实的世俗客尘执著为实有的增益过失，因不了解真实义法界胜义功德任运自成存在，也会产生损减的过失。

造作客尘故，众生过非真，

真实过无我，功德自性净。

如果善加分析，则由于客尘是因缘造作、可断除的，所以众生的过失客尘也并非真实存在，真实中暂时性的罪过无有人法二我的缘故，（十）力等胜义功德自性清净而存在。

执著非真过，损减真功德，

具慧不得见，自他平等慈。

如此执著非真实的客尘性罪过增益为有，将具有真实功德的法界原本任运存在损减为无有，由此，具慧菩萨不会获得“视自己与其他众生平等是自性胜义的佛陀”的大慈心，而产生过分贪爱自我的过失。因此，为了断除这些过失而明显宣说了法界。

壬三、断除过失速得功德之理：

如此听闻彼，欢喜敬如佛，
慧智大慈生，生此五法故，
无罪视平等，无过具功德，
同等爱自他，速得正觉果。

如此了义经典中宣说“一切众生普遍具有如来法界”，所化众生善加听闻它，认为现前自己的本性就是大菩提，由此欢喜正道苦行，了知他众的自性是佛陀而如本师般恭敬，于世俗客尘无有二我了知为无有的妙慧、于胜义法界自性存在了知为有的本智、视自他自性平等是佛而生起想利他的大慈心。如是生起五种功德法的缘故，由这些功德，无有心怯懦等罪过，视一切众生同等具有如来藏，了悟客尘过失为无有、具足自性清净功德为有，生起视自己与众生平等具有如来藏的大慈心，由次第修道，必定无疑速得二利究竟的无上正觉果位。

大乘无上续宝性论中第一如来藏品释终

第二 菩提品

现在是就法界远离所有垢染无余转依为佛陀出有坏无漏界的果而言：

戊二（证悟本体菩提之义）分三：一、略说所说义之分类；二、归纳讲法总纲；三、彼等对应而广说。

己一、略说所说义之分类：

净得离二利，所依深与广，

以及大本性，有际如所性。

应当了知，从所知之法无垢真如究竟果大菩提八种所知义入手来讲有以下八种意义：

1. 前述的法界自性清净，解脱所有客尘而转依为具二清净，就是菩提的本体之义。

2. 能获得具二清净的方便入定无分别出世间智慧与后得世间智慧二者圆融而修，即是因之义。

3. 修习这些智慧达到究竟而远离烦恼障、所知障及习气的所有垢染，就是果之义。

4. 由远离烦恼障而超离一切有漏衰败，获得无量无漏财富而成就自利圆满；由远离所知障而成就无碍趋入一切的他利圆满，即是事业之义。

5. 能成就二利圆满的所依具足不可思议的无量功德，即是具之义。

6. 具足功德的菩提深不可测，因此是甚深法身；拥有力等众多功德，因此是广大受用圆满身；唯一随缘利益他众，因此是大本性化身。以这三身来分，即是趋入之义。

7. 三身也是乃至虚空存在、有情存在间等同趋入、安住，即是恒常之义。

8. 他们的如所有性之理，不是佛陀以外他众的行境，难以证悟，即是不可思议之义。

这般以八种意义解说。

己二、归纳讲法总纲：

以本体因果，事业具趋入，

恒常不可思，安立为佛地。

法界自性清净，以远离所断客尘而具二清净——本体之义，实修能获得它的入定及后得道——因之义，由修道而远离二障垢——果之义，由断除障碍而能成办自他二利——事业之义，它们具足所依不可思议的功德——具之义，它是以本性身、圆满受用身及化身三身的类别而趋入——趋入之义，这些是直至众生存在、虚空存在间安住——恒常之义，究竟如所有之理是普通人不可思议之义。如是以这八种意义安立究竟果佛地。

己三（彼等对应而广说）分七：一、得清净中本体因之义；二、离垢果之义；三、自他二利事业之义；四、所依具功德之义；五、以三身类别趋入之义；六、彼等恒常之义；七、如实不可思议之义。

虽然广说有八种，但前两种合在一起讲，就有七种。

庚一（得清净中本体因之义）分二：一、略说得清净之理；二、广说。

辛一、略说得清净之理：

自性光明说，如日与虚空，

客烦恼所知，密云障碍遮，

离垢具佛德，常稳恒佛陀。

依法无分别，辨别智慧得。

了义经中宣说“心之自性原本光明”具足如日轮般所知真如光明的证以及如虚空般自性清净的断，具体来说，先前众生位被客尘烦恼障与所知障如密布云层般的障碍遮覆，最终以真实道断除所有垢染，不可分割具足力等佛陀的一切功德，解脱生、老、死，而获得恒常、稳固、永恒之本体的佛果，即是具二清净本体之义。

这样的菩提，是依靠菩萨入定中缘于如所有法性之义的无分别智慧及后得缘尽所有有法之义而辨别的智慧实修道而次第获得的，即是因之义。

辛二（广说）分二：一、具二清净本体之义；二、能得智慧因之义。

壬一（具二清净本体之义）分二：一、真实；二、差别。

癸一、真实：

佛陀以无别，净法而安立，

如日与虚空，智断二法相。

胜义的佛陀就是以安住于与自性清净本体一切无别中，究竟远离客尘而具二清净的法而安立的，它如同日轮自性光明与虚空自性清净般，具足智慧光明的证与清净二障的断——断证圆满二者的法相。

癸二（差别）分二：一、自性光明之差别；二、远离客尘之差别。

子一、自性光明之差别：

光明非造作，无别而趋入，

具超恒河沙，佛陀一切法。

无漏法界自性光明的法身，虽然不是以因缘造作的，但是于一切众生的自性中无别而趋入，它原本任运自成，具足超越恒河沙数的无量佛陀的（十）力等一切功德法。

子二、远离客尘之差别：

自性不成立，周遍客性故，

烦恼所知障，是说犹如云。

由于垢染自性原本不成立真实，因为能周遍于一切不清净阶段，因为是可断除之客性，所以，以这三种理由说明解脱之障——烦恼障与遍知之障——所知障这二者于众生位如云遮障日轮与虚空般遮障自性光明。断除这些障碍而具足二种清净。

壬二、能得智慧因之义：

远离二障因，即是二种智，

无分别及彼，后得许为智。

远离烦恼障、所知障二障而能现前解脱与法身的因，是圆融修行证悟如所有与尽所有的二种智慧，也就是说，菩萨于入定中修三界的对治无分别智慧，主要净治烦恼障，其后得修行辨别深广所有所知义的智慧，主要净治所知障。彼等承许是二智，应当精进行持与其相关的事业。

庚二（离垢果之义）分二：一、以比喻略说无垢；二、广说理由。

辛一、以比喻略说无垢：

净水渐茂莲覆湖，离罗睺口之望月，

离烦恼云之日轮，无垢具德故具光。

因为如同无有混浊之垢、具有大量的水、次第繁茂的莲花遍布覆盖的美丽湖泊一般解脱了贪烦恼，如同脱离罗睺之口的圆满望月一般解脱了嗔烦恼，解脱了如密云般痴烦恼、如日轮光芒明了般，就是具足照见如所有与尽所有光明的佛陀，因为佛陀无有客尘垢染，具足断证圆满的究竟功德。

能仁蜜果实，宝金宝藏树，

无垢宝佛身，王金像如佛。

再者，如同脱离莲花苞的能仁之尊佛陀身，是指解脱客尘的如来。如是类推，如同离开蜜蜂的蜂蜜、如同糠秕中生出的果实、如同离开了不净粪的珍宝纯金、如同地下出现的大宝藏、如同种子中生树果的树、如同离开破衣无垢珍宝所成的佛像、如同胎生的君主转轮王、如同离开了黑泥模的金像，解脱所有客尘就是克胜违品的圆满佛陀。

辛二（广说理由）分三：一、智慧生二身之理；二、断除三毒而成办二利之理；三、清净垢染而得如来藏之理。

壬一、智慧生二身之理：

犹如湖泊等，净贪等客惑，

摄略说彼者，无分别智果。

具诸殊胜相，佛身定随得，

如是说彼者，后得智慧果。

法界自性清净如同湖泊清净了混浊，“等”字包括月亮离开了罗睺、太阳远离了密云，清净了贪可爱对境及“等”字包括的嗔恨不可爱对境、于中等对境愚痴三毒客尘烦恼而获得具足断圆满的解脱身虽然有许多因，但归纳来说，它就是修入定出世间无分别智慧而现前远离烦恼障的果。如此具足证圆满的功德所依空性光明具一切殊胜相的佛陀身决定是随应各别自证智慧的行境获得，如是宣说它是依靠后得世间智慧听闻深广法等加以修习而现前远离所知障的果。

壬二、断除三毒而成办二利之理：

断除贪等尘，于所化莲花，

降静虑水故，佛如净水池。

由于无余断除了自相续中如同令混浊的尘埃般爱恋三界的贪心，于其他许多所化如莲花般的相续宣说正法，而降下以静虑等持的水，以寂止胜观能滋润的缘故，究竟二利的佛陀如同盈满净水、由许多莲花覆盖的悦意池。

解脱嗔罗睺，大悲大慈光，

周遍众生故，佛如净满月。

如是对应，解脱了如同罗睺般不悦意猛烈嗔心逼迫自相续之障而欲求他相续离苦的大悲及欲求他相续值遇利益的大慈心如同光芒般周遍摄受所有所化众生的缘故，究竟二利的佛陀如同解脱了罗睺的无垢满月。

解脱愚痴云，以智光遣除，

众生黑暗故，佛如无垢日。

自相续解脱了如密云般的三界无明愚痴障，而随顺芸芸所化众生的相续说法，以智慧光遣除所有无明黑暗的缘故，究竟二利的佛陀宛如具有无垢光明的离云日轮。

壬三、清净垢染而得如来藏之理：

不等等法故，施予妙法味，

远离皮壳故，如佛蜜果实。

因为具足与其他众生不等同、唯一与佛陀等同之功德法，因为给所化众生施予甚深妙法之丰富美味，因为远离了二障及习气之皮壳，所以，究竟的佛陀依次如莲花中出现的善逝、离开蜜蜂的蜂蜜、由糠秕中生出的果实一般。

净以功德物，能除贫穷故，

赐解脱果故，如金宝藏树。

如是对应，因为自性无垢、清净了客尘，因为以无尽功德宝物能遣除所化众生的所有贫穷乏少，因为能施予所化众生解脱痛苦之大乐果，所以，解脱障碍的佛陀犹如清净了不净物的纯金、地下出现的大宝藏、有果的妙树一般。

珍宝法身故，二足尊胜故，

珍宝色相故，佛如宝王金。

因为现前了如同满愿的珍宝般具有无量功德的法身，因为获得了堪为所化之主二足尊或殊胜导师之受用圆满身，因为如同珍宝金子所造的色相般示现种种幻变之化身，所以，圆满三身的佛陀犹如离开破衣的珍宝佛像、离开胎包的转轮王、离开泥模的金像一般。

庚三（自他二利事业之义）分二：一、略说成办二利之理；二、广说。

辛一、略说成办二利之理：

无漏周遍无灭法，稳寂恒常无迁处，

佛如虚空诸正士，六根领受真义因。

具足少许也不存在有漏习气的断究竟、周遍如所有尽所有一切所知的证究竟——断证圆满的胜义佛陀是永无毁灭的无为法，原因是，因无老而坚稳、因无病而寂灭、因无生而常有、因无死而无迁变。获得这样的佛果，能究竟自利，因为它是一切白法之依处而能究竟他利，逝于法性真如性中的佛陀如同无为法的虚空为见色法等提供空间一样，作为具有缘分圣贤领受并证悟堪为最胜六根各自相应威仪之真义的因。

见非大种色，听闻纯妙语，

嗅佛净戒香，品大圣法味，

受定所触乐，证体深理因。

细思胜义乐，佛如空离相。

也就是说，如此所化的殊胜眼根见到的不是由四大所成极微尘积聚、而是富有自在的佛陀之种种色相，以殊胜耳根恒常听闻无相、真实妙法不杂世间法的纯净妙语，以殊胜鼻根嗅到善逝令人悦意、永不染罪垢的纯净戒香，以殊胜舌根品味大圣者们所受用的如甘露般的妙法最上味，以殊胜身根领受等持轻安所生的真实所触无漏大乐，以殊胜意根成为对诸法实相原本自体性甚深难证之理无我之义生起殊胜证悟的因，也就是，依靠法尔理详细思维分析，究竟他利就是令领受胜义无漏大乐，因为胜义的如来是无为法，如虚空般，远离生住灭等有为法的一切相，无变任运自成。

辛二（广说）分三：一、总说成办二利之理及分类；二、别说自利圆满；三、别说他利圆满。

壬一、总说成办二利之理及分类：

略摄当了知，二智作用此，

解脱身圆满，法身即净化。

虽然有许多作用，但归纳而言，应当了知学道中圆融修行证悟如所有、尽所有这两种智慧的作用是成就此二身。也就是，入定中修习于法性如所有义无分别的智慧，由此圆满获得解脱客尘之断究竟的身；后得修习通达深广等尽所有法的智慧，从而净化垢染，现量获得堪为十力等功德所依之证究竟法身。

解脱与法身，当知二一相，

无漏周遍故，无为依处故。

应当了知，其中解脱障碍之身与成为智慧所依的法身，分别具有无漏、周遍这两种行相，共同具有无为法这一种形相。由此解脱身具足毫无漏法之断除、法身具足周遍一切所知之证悟，故两者都是不以因缘造作的自性。这些说明自利圆满。

由于是一切真实性白法之依处，故令他利圆满。

壬二、别说自利圆满：

灭烦恼习气，是故为无漏，

无著无碍故，许智是周遍。

终究无灭性，故是无为法。

无灭是略说，坚等解说彼。

由于无余从根本上灭尽断除了客性的烦恼及习气，故解脱身具足“无漏”的行相。由于如所有智灭尽了颠倒而对对境无有贪著，尽所有智现前了一切行相而于对境通彻无碍，故承许法身是以智慧的证悟而具足“周遍”一切所知的行相。由于这两者具备永不坏灭或变化之自性，故具足“非以因缘造作”的行相。无灭是略说无为法的相，坚固及“等”字包括的寂灭、恒常及无迁变是广说无灭。

当知四种灭，与坚等反故，

衰败变中断，不可思变迁，

无彼故可知，坚寂常不迁。

应当从认清反方面来了知，因为有为法具有坏灭的四理，即与坚固相反的不坚固，“等”字包括了与寂灭相反的不寂灭、与常有相反的无常、与无迁变相反的有迁变。那四种灭是指什么呢？诸行成熟而腐朽衰败的老、身体变化而痛苦的病、前世相续中断而形成后世的生、不可思议变为种种相的死迁四种。解脱身与法身无有这四种毁灭的缘故，依次可知因无老而坚固、因无病而寂灭、因无生而常有、因无死而无迁变。

壬三、别说他利圆满：

无垢智彼是，白法依故处，

如非因虚空，见色闻声等，

香味触法因，二身无障行，

坚稳根境生，无漏功德因。

如是无垢的断（解脱身）与现前智慧的证（法身）它们相应所化的缘分，是殊胜白法功德的来源所依或基础，因此是他利圆满之依处。也就是说，如同不是能生之因、无有色等相的虚空，可以从能为根眼见色、耳闻声，及“等”字包括的鼻嗅香、舌品味、身所触、意认知法提供空间的角度安立为因，同样，成为无障碍见佛陀二身之加行修道的坚稳有缘佛子殊胜六根的行境，在世俗中因见色身等根而成为无漏相好功德的因，胜义中因见法身等而现量产生（十）力、（四）无畏等所有无漏功德的因。

庚四（所依具功德之义）分二：一、略说名称差别；二、广说理由。

辛一、略说名称差别：

无思常坚寂永恒，灭遍离念如虚空。

无著无碍断粗触，无见取善无垢佛。

以听闻无可思维性、因无生而常有、因无老而坚固、因无病而寂静、因无死而永恒、因无苦而寂灭、以尽所有智周遍所知、以如所有智远离分别断除我与烦恼障、如虚空般无著、断除所知障而在一切时于对境通彻无碍、因断除等至障而断除粗糙所触、因无碍而无见、因离相而无有执取、因自性清净而善妙、因清净客尘而无垢。具足这十五种胜义功德，就是证得大菩提的佛陀。

辛二（广说理由）分二：一、具彼等功德之理；二、决定具足之功德。

壬一、具彼等功德之理：

以解脱法身，宣说自他利，

二利所依具，不可思等德。

以断证本性的解脱身与法身这二者，说明成办自利圆满与他利圆满：解脱所断的所有束缚而成就自利，依靠证悟法身功德的事业而成办他利。

由此可知，成为成办自利与他利之所依的二身，具足以心识不可思议等十五种功德法。

壬二（决定具足之功德）分二：一、广说甚深之理由；二、解说后面理由。

癸一（广说甚深之理由）分三：一、总说不可思议之理；二、别说差别；三、理由对应比喻。

子一、总说不可思议之理：

遍知智慧境，佛非三慧境，

故当了悟智，有情不可思。

圆满法身，唯一是遍知之智的行境。由于胜义的佛陀不是闻慧等三慧之行境，故应当了悟究竟的智慧具足“除佛陀以外其他有情不可如实思议是此是彼”的功德。

子二、别说差别：

细故非闻境，胜义非思境，

法性甚深故，非世修等境。

若问：为何不是三慧之行境呢？胜义的佛陀极其细微难以证悟，故不是闻慧的行境。由于胜义谛各别自证智慧所了悟，故不是思所生慧的行境。由于法性真如甚深难测而且是究竟的，故不是世间修所生慧等一切心识的行境。

子三、理由对应比喻：

如天盲于色，凡夫未曾见，
圣亦如初生，室内婴光色。

若想：佛陀是普通人难以证悟的理由是什么呢？

就像天盲对于色形等种种色法以前少许也不曾见过一样，凡夫异生无余都是以前少许也不曾现量见过无垢真如。刚出生的室内婴儿虽然可以稍微看看太阳的光色，但无法正视更多的光色，同样，住于十地的圣者佛子也仅是现量见到了少许法身，而不能现量圆满彻见。

癸二（解说后面理由）分三：一、不变之功德；二、断证之功德；三、清净之功德。

子一、不变之功德：

离生故常有，无灭故坚固，
无二故寂灭，法性住故恒。

无垢的佛陀，因为原本远离因缘所生，故具常有的功德；因为任何法无生它就无灭，故具足坚固的功德；因为无有以生灭二者导致未寂灭，故具足寂灭的功德；因为法性自性涅槃原本安住无变，故具足永恒的功德。

子二、断证之功德：

灭谛故善灭，普证故周遍，

无住故无念，断惑故无著。

净所知障故，无碍于一切，

无二堪能故，是离粗所触。

佛陀因为现前了无余灭尽所断的究竟灭谛，故具足善灭一切痛苦的大乐功德；由于现量证悟一切所知相，故具足周遍所有所知尽所有智的功德；由于无有住任何所缘相状，故具足无分别如所有智的功德。这些是安乐与证悟的差别。

再者，由于断除了障碍解脱的烦恼障及习气，故具足于如所有义无著的功德；由于清净了障碍一切智之所知障，故具足于尽所有义一切通彻无碍的功德；由于无有沉掉二者等等至障而使身心柔和堪能等持，故具足远离粗糙所触的功德。这些是断的差别。

子三、清净之功德：

无色故无见，无相故无取，

清净故善性，除垢故无垢。

胜义的佛陀因为无有极微尘聚积的色，超越有为法，故以凡夫根无可见，即是具足力；由于无有因等相并清净心识法，故具足凡夫心无可执取的功德；因为具足法界自性清净，故具足胜义善的功德；因为无余断除了客尘及习气而清净，故具足极其无垢的功德。

庚五（以三身类别趋入之义）分二：一、略说法相之差别；二、广说其义。

辛一（略说法相之差别）分三：一、本性身具五相；二、报身具五差别；三、化身具三法。

壬一、本性身具五相：

无初中后无分割，无二三无垢分别，

法界自性证悟彼，入定瑜伽行者见。

也就是说，无有初生、中住、后灭——有为法的三种法相而具有无为的法相；具足无漏的法界、究竟的智慧一切合一不可分割的法相；解脱有无二者而不堕增损之边的法相；远离烦恼障、所知障、等至障三障的法相；无有烦恼垢、不成为分别行境的法相。法界自性清净，证悟这种境界而恒时于法性入定的瑜伽行者现量见到如来——光明的法相。

如是应当了知法身具有五种功德：

无量超恒沙，无思无等德，

如来无垢界，断诸习气过。

具足本体广大，以因无可量的功德；无法定量超越恒河沙数的功德；不是寻思行境以心识无可思维的功德；与他不共最究竟无等的功德——证圆满的功德；现前如来的极其无垢法界，无余断除所有二障及习气的过失——具足断圆满的功德。

壬二、报身具五差别：

种种妙法光明身，勤成众生解脱利，

行持如摩尼宝王，种种事物非彼性。

1. 放射大乘种种深广妙法的光芒，因此语言不间断。

2. 拥有妙法的光芒或相好庄严的无量光明的身体不间断示现种种相。

3. 精进为殊胜的所化成办解脱之利的事业不间断。

4. 如是行持也如同如意宝王满愿一般无有分别、勤作现行而任运自成趋入。

5. 由所化众生的意乐而示现种种颜色、量度等的事物，但其自性并非真实。

壬三、化身具三法：

世间入寂道，成熟与授记，

因色此常住，如虚空色法。

也就是，使入于世间普通道者对三有生起厌离而趋入寂灭涅槃道；将入解脱道者安置于深广大乘而令他们成熟；将以大乘成熟者次第安置于清净地而授记他们解脱。如此成为事业圆满的因，以所化而显现种种的色化身也不仅是在先前，而是于此法身无变法界中乃至有轮回期间恒常不间断安住，如无为法虚空界中有为法色的生灭不间断一样。

辛二（广说其义）分三：一、共同分类；二、各自安立；三、彼等摄义。

壬一、共同分类：

自生一切智，是名谓佛陀，

胜涅槃无思，摧敌各别性。

析彼以深广，大本性功德，

所立自性等，三身而行持。

从不依赖他缘而具足了知"自生"的一切所知的智慧；从断证究竟的角度称为"佛陀"；因不住有寂二边而是"殊胜涅槃"；因超越寻思行境而"无可思维"；因战胜轮回而是"摧敌者（出有坏）"；这是"各别自证本性"的大菩提。

如果加以分析，则由于具足难证甚深的功德、具足威力广大的功德、随缘大本性功德的三法所安立的缘故，依次是甚深自性或本性身，及"等"字包括的广大受用圆满身、大本性化身。如是以三身任运自成不间断的行持自利他利。

壬二（各自安立）分三：一、本性身之安立；二、受用圆满身之安立；三、化身之安立。

癸一（本性身之安立）分二：一、略说法相与功德；二、广说彼等本体。

子一、略说法相与功德：

佛陀本性身，具足五法相，

略摄当了知，具足五功德。

如是分析究竟的菩提，在三身中，佛陀自利圆满的本性身具足无为法等五种法相或特点。其功德虽然极多，但归纳起来，应当了知无别具足不可衡量等五种功德。

子二（广说彼等本体）分二：一、广说法相；二、广说功德。

丑一、广说法相：

无为无分割，断除二种边，
解脱烦恼障，所知等至障。
无垢无分别，是瑜伽境故，
法界本体性，清净故光明。

胜义的本性身具足以下五种法性：1. 由于远离有为法的生住灭，因此具有无为法无变的法相；2. 由于无漏法界究竟智慧一切合一而具足不可分割的法相；3. 世俗中本体无有、胜义中本体有而具足断除增益及损减二边的法相；4. 必定解脱贪等烦恼障、不是烦恼但成为了知所知之障的所知障及其所属的不知如愿入定于等持的等至障这三障，而具足无障的法相；5. 因为无有烦恼之垢、无有可分割成分别念行境、是方便智慧双运恒常入定的究竟瑜伽士各别自证智慧之行境、甚深法界原本体性清净的缘故，是自性光明的法相。

丑二、广说功德：

真实本性身，具无量无数，

无思无伦比，清净究竟德。

真实中本性身无别具足以因无法衡量的功德、以数字无法计数的功德、以心无法思维的功德、无与伦比的功德、清净究竟的功德。

无量等依次，广大无数故，

非寻思境故，唯佛断习故。

无量等功德依次对应广大等五种理由，也就是，本体如虚空般广大的缘故，无法肯定是某数目的缘故，一切时处不是寻思行境的缘故，唯一是佛陀所具之功德的缘故，无余断除二障及习气的缘故，由此可知无量等所有功德依次对应广大等的五种理由。

癸二（受用圆满身之安立）分三：一、广说安立；二、总结宣说；三、依缘显现差别之理。

子一、广说安立：

受用种种法，自性法现故，

净悲之等流，利生不断故。

任运无分别，如求满愿故，

以摩尼神变，安住圆受用。

圆满受用并具有大乘深广种种法之财富的缘故，宣说教言不间断；

具足色身自性相好等法，于具缘者前恒常显现的缘故，示现身相不间断；欲求救护一切众生离苦的大悲清净，以此等流果利益有缘众生不间断的缘故，以大悲行持事业不间断；这些是无有分别念及勤作、自然任运随所化众生之欲求而满愿的缘故；如同以现行及底色摩尼宝珠虽然显现种种，但这并非它的本体，同样，随无量所化的界性、意乐、信解可以显现形形色色的神变相，但这些并不是它的本体。以具足以上五种差别的方式，安住于圆满受用大乘法之身。

子二、总结宣说：

说示事不断，无有诸现行，

示非彼本体，此示种种五。

如此讲说“语”教言不间断、示现“身”相不间断、以大悲“心”行持事业不间断、彼等无有勤作现行任运自成、示现随缘显现种种但并非它的本体，这五种法是在讲受用圆满身的此时说为示现种种等的五种差别。

子三、依缘显现差别之理：

如依种种色，非真宝珠现，

众生种种缘，遍主非真现。

犹如依靠种种底色布的外缘，上面的宝珠可映现种种色彩，这并不是它的真实性，但因澄清透明而显现种种。同样，随所化众生的界性、意乐、信解等种种缘，大悲心周遍众生的尊主圆满佛陀显现种种，这些也不是他的真实性，但仍能显现形形色色的幻化。

癸三（化身之安立）分二：一、殊胜化身示现十二相之理；二、彼之作用次第引导所化之理。

子一、殊胜化身示现十二相之理：

大悲知世间，照见诸世间，

法身不动中，以异化身性，

示现真投生，从兜率天降，

入胎及诞生，精通工巧明。

游戏享妃眷，出家与苦行，

至菩提迦耶，降魔圆正觉，

转大妙法轮，趣入涅槃相，

于诸不净刹，示现有际间。

颂词中的“示现”，十二相每一相的后面都需要加。

以何因示现？想以不可思议的大悲摄受无量众生的因等如理示现，以了知尽所有世间界的智慧，善加照见一切所化无余一切世间，而于如所有智法身的无变境界中入定，如如不动。

示现什么？以种种化身的自性真实示现稀有十二相：以释迦王为例，

作为大尊主的他，示现真实投生于兜率天的白顶天子将极多天众安置于成熟、解脱中，从兜率天降到瞻部洲；入于母胎；从胎中降生；精通工巧明；游戏享用王妃眷属；从王宫中出家；苦行；前往至菩提迦耶金刚座；以慈心力摧毁魔军；现证圆满大菩提；三转法轮；趣入涅槃。

于何处示现？于不清净的娑婆世界等无边刹土。

何时示现？乃至所化流转轮回的诸有没有空无而存在的期间，不间断任运自成地示现。

子二（彼之作用次第引导所化之理）分三：一、普通人入小乘之理；二、小乘者以大乘成熟之理；三、大乘者行解脱之理。

丑一、普通人入小乘之理：

知无常苦空，寂音之方便，

令众厌三有，趣入于涅槃。

了知并宣说“诸有为法无常、有漏皆苦、诸法无我、涅槃最寂乐”大法印之法音调化所化之方便的佛陀，为贪恋轮回的所化众生宣说三有的诸多过患，令他们生起厌离而首先趣入仅以寂灭轮回过患而涅槃的声闻缘觉道。

丑二、小乘者以大乘成熟之理：

入于寂道者，具得涅槃想，

宣说法华等，法之真实性。

彼等除前执，方便智慧摄，

成熟于胜乘。

对入于能灭轮回苦之方便声闻缘觉道而获得阿罗汉及辟支佛果、具有虽然没有获得究竟果位但自以为证得了涅槃者，宣说《妙法白莲花经》《大涅槃经》等宣讲诸法真实性空性于大悲双运之乘是唯一的，依此趋至的涅槃也是唯一的，使那些声闻缘觉去除先前没有获得究竟涅槃却自以为已获得的执著，依靠想救护一切有情的大悲方便与证悟诸法空性的智慧摄持福慧二资粮，而将他们安置、成熟于三乘中最殊胜的大乘正道中。

丑三、大乘者行于解脱之理：

授记大菩提。

如是依大乘道逐渐成熟而获得八地等行者得到授记：于某刹土，名号为某某，于某时某劫成佛，眷属有这么多，正法住世这么久……获得三解脱菩提中最殊胜的无上法王授记。如云："承许以刹土，名眷属法住世。"

壬三（彼等摄义）分二：一、对应理由摄为三；二、对应实相摄为二。

癸一、对应理由摄为三：

甚深圆满力，随凡义引故，

依如此等数，深广大本性。

细微难证所以甚深的缘故，具足成办他利的圆满威力的缘故，随顺凡夫异生意乐之义说法而将他们从轮回中引导出来的缘故，应当了知依如此数目而分别对应甚深本性身、广大受用圆满身、大本性化身。

癸二、对应实相摄为二：

于此初法身，后者即色身，

如色住虚空，色身住法身。

在讲佛身的此时，要了知第一甚深身即法身，因为是诸法的自性，不是他证的行境。后面的受用圆满身与化身是色身，因为随缘显现于所化前。这二者如同种种有为的色法住于无为法虚空界中一样，后面的色身种种显现住于第一法身无变界中。

庚六（彼等恒常之义）分二：一、略说恒常之理由；二、广说彼义。

辛一、略说恒常之理由：

无量因与众无尽，悲神变智具圆满，

法之自在摧死魔，无体世怙故恒常。

1. 由于是由一无所贪而受持妙法等无量因所形成之果，故色身行持他利恒常不间断。

2. 由于亲口承诺无余调化众生、所化众生无尽，故色身行持利他恒常不间断。

3. 由于成办他利的动机悲悯一切有情的大悲不间断，故色身行持他利恒常不间断。

4. 由于成办他利的方便——神境通、神足通获得自在，故色身行持他利恒常不间断。

5. 由于具足了知轮涅自性无二的智慧而永无厌烦，故色身行持他利恒常不间断。

6. 由于具足无漏等持的圆满安乐而不为痛苦所害，故色身行持他利恒常不间断。

7. 由于以诸法之自在入于世间界而永不为其过患所染，故色身行持他利恒常不间断。

8. 由于证得无死果位而摧毁死主魔，故法身无变恒常。

9. 由于原本无为而无有有为之本体，故法身无变恒常。

10. 由于直至后际皆为一切世间之依怙，故法身无变恒常。

总之，以上述十种理由说明如来此三身恒常。

辛二（广说彼义）分三：一、色身恒常之理由；二、法身恒常之理由；三、彼等总摄义。

壬一、色身常有之理由：

舍身命受用，受持妙法故，

普利众生故，初誓究竟故。

1. 佛陀，由于是曾在因地学道阶段无有贪执完全施舍头颅等身体寿命及珍宝等受用而受持妙法的无量因所成就的，故色身恒常不间断。

2. 由于成办广大普利尽所有众生，故色身恒常不间断。

3. 依于自己最初所立下的“要无余救度众生脱离轮回”誓言之义究竟、所化无尽，故色身恒常不间断。

佛陀即清净，大悲趋入故，

神通足示现，彼住行持故。

4. 圆满佛陀由于以清净烦恼障、净除所知障的大悲不间断趋入所有众生界，故色身恒常不间断。

5. 由于转成一、幻化多等神境通及神足等持自在而应机示现色身相，即是佛陀乃至轮回存在间安住，能不间断行持，故色身恒常不间断。

依智而解脱，轮涅执二故，

恒具无量定，圆满安乐故。

行于世间中，不染世法故。

6. 以清净智慧解脱了诸有轮回与寂灭涅槃自性执二、证悟轮涅无二而对他利无有厌倦，故色身恒常不间断。

7. 由于恒时具足不可思议无量等持的无漏圆满安乐而无有苦行痛苦所害，故色身恒常不间断。

8. 由于为利他安住世间，随他们的缘分而行持不染烦恼、业、痛苦等世间法，故色身恒常不间断。

两种色身恒常不间断的利益众生。

壬二、法身恒常之理由：

无死得住寂，无死魔行故。

无为之自性，能仁本灭故。

恒成无依者，依怙等之故。

如来的法身现前从究竟对治的角度是不变恒常，因为无有以业与烦恼死迁，获得安住于无余寂灭生灭之殊胜涅槃处的果位而永远无有死主魔出没的缘故。

自性也是恒常，因为具有不是以因缘现行造作之自性的能仁法身原本是善灭一切有为法相的本性的缘故。

无欺也是恒常，因为恒常不间断成为无量无依众生之究竟依怙、友军等的缘故。

壬三、彼等总摄义：

以初七种因，色身恒常性，

后三是本师，法身恒常性。

以“无量因……”等前七种原因，说明色身恒常不间断利他；以“摧死魔……”等后三种原因，说明本师佛陀的法身无变恒常。

庚七（如实不可思议之义）分二：一、略说不可思议之理；二、广说原因。

辛一、略说不可思议之理：

因非语境胜义摄，非分别境离喻故，

无上有寂不摄故，佛境圣亦不可思。

以无余转依而安立的无垢真如大菩提超越名言所诠，不是语言行境的缘故；以各别自证具二清净胜义谛所摄的缘故；不是分别念所思择之处或对境的缘故；真实超越一切能衡量的比喻与因等的缘故；是出世间最究竟无上的缘故；不是诸有轮回与寂灭涅槃二边所摄的缘故，唯一是圆满佛陀遍知智慧的行境。住大地的圣者们尚且不能如实思维，普通人无法思议就更不言而喻了。

辛二（广说原因）分三：一、依次说原因；二、对应二身总结；三、功德事业不可思议之理。

壬一、依次说原因：

无诠故无思，胜义故无诠，

非择故胜义，非量故非择。

无上故非量，非摄故无上，

无住故非摄，功过无别故。

对于三身圆满的菩提，除佛陀以外的他者不可如实思维是此是彼，因为它不是语言的对境，以言词无可言说。（之所以说它）以言词无可言说，因为胜义谛是各别自证。（之所以说）它是胜义谛，因为不是分别念所思择之处。（之所以说）它不是分别念所思择，因为不是世间的比喻与因等所比量的。（之所以说）它不是所比量的，因为是超世间、最无上的。（之所以说）它是最无上的，因为不是诸有轮回与寂灭涅槃所摄。（之所以说）它不是有寂所摄，因为不住有寂二边。（之所以说）它是不住（有寂二边），因为无有执寂灭边为功德、三有自性为过患之分别。

壬二、对应二身总结：

五因细微故，法身不可思，

六非彼性故，色身不可思。

“因非语境……”等五种因说明了极其细微甚深难测故法身是普通人不可思维是此的理由，“有寂不摄故”第六种因说明了虽显现为生灭等有寂法但并不是它的真实性故色身无量幻变不可思议的理由。

壬三、功德事业不可思议之理：

无上智悲等功德，功德竟佛不可思，

自生末者之此理，仙大自在亦未觉。

现量证悟一切如所有、尽所有的所知义的无上智智与想救度一切有情离轮回苦的无量大悲事业等功德无有限量，功德究竟的波罗蜜多的缘故，佛陀证得大菩提，这是除佛以外者均不能如实思维的。因此，不依赖他而是自己修行所生，是佛陀八种安立最后一种的“不可思议”之理，或者观待初发心等真实圆满证觉之理。这是仙人、住清净地大菩萨、获十自在者也没有现量觉悟的，更何况说一般众生了？想要觉悟者应当获得佛果。

大乘无上续宝性论中第二菩提品释终

第三 功德品

现在是就安住大菩提离系果与异熟果所摄的殊胜功德而言：

戊三（证悟分支功德之义）分二：一、对应二身数目之分类；二、抉择分别功德。

己一（对应二身数目之分类）分二：一、分别宣说身与功德；二、分别对应彼等。

庚一、分别宣说身与功德：

二利胜义身，依彼世俗身，
离系异熟果，六十四功德。

所谓的佛陀，是自利圆满与他利圆满究竟所安立的，也就是说，所依的自利胜义法身与依于它的他利世俗色身，此乃二身的本性。依靠它们具有的功德来分析，是法身具有的离系果的三十二种功德、色身具有的异熟果三十二种功德，二者合起来就是六十四种功德的分类。

庚二、分别对应彼等：

自利富有处，是为胜义身，
诸佛表示身，他利圆满处。

初身具力等，离系之功德，

二具大士相，异熟之功德。

自利圆满富有一切的刹土任运自成之依处或基础，是圣者殊胜智慧行境义中现前的法身；诸大仙人圆满佛陀只是表示仅在名言中示现的色身，是产生所化他利圆满任运自成之依处或基础。其中，第一法身无二无别具有十力、四无畏等唯是由积累智慧资粮、远离障碍所安立的功德，第二色身具足大丈夫三十二相等是由积累福德资粮逐渐成熟的功德。

己二（抉择分别功德）分四：一、略说喻义对应总纲；二、广说各自安立；三、由说彼等圣教证悟之理；四、归纳喻义宣说。

庚一、略说喻义对应总纲：

力摧无明如金刚，无畏眷中如狮子，

如来不共如虚空，能仁示二如水月。

佛陀以十力摧毁无明等障碍而不被其所摧的缘故，如同金刚物摧毁其他事物而不被其所摧一样；以四无畏在无量眷属会众中无有畏惧而说法的缘故，如同狮子于野兽中无所畏惧一样；如来的十八不共法与他众不共同的缘故，如同虚空与四大种不共同一样；能仁于所化前示现相好庄严的化身及报身二种是随缘显现种种、但其本体无有成立的缘故，如同水月与空中显现的月亮一样。

庚二（广说各自安立）分二：一、广说自利胜义法身具有之离系果功德；

二、广说他利世俗色身具有之异熟果功德。

辛一（广说自利胜义法身具有之离系果功德）分三：一、解说佛陀之十力；二、解说四无畏；三、解说十八不共法。

壬一（解说佛陀之十力）分二：一、认清所表义本体；二、以能表比喻决定。

癸一、认清所表义本体：

知处非处业，异熟与根性，

界性及信解，趣行静虑等，

染污无有垢，随念诸宿世，

天眼与寂灭，智力有十种。

1. 佛陀由往昔在学道位立誓坚固行持大乘法，感得最终于法身中成佛时无碍现量通晓“依靠两种自生及转轮王的男人所依而成佛是处、依靠女人的所依而成佛是非处”之类的一切因果可能不可能之理，即是知处非处智力。

2. 由往昔坚信业因果法，感得无碍现量通晓“不善业产生不欲的异熟果报、善业产生所欲的异熟果报”之类各自决定的因果，即是知业异熟智力。

3. 由往昔观察所化根性应机说法，感得无碍现量通晓“众生信心等利根、中根、钝根”的一切类别，即是知根胜劣智力。

4. 由往昔随顺所化界安住，感得无碍现量通晓“众生暂时安住于三乘不同种姓”之类的种姓或界性差别，即是知种种界性智力。

5. 由往昔随顺所化之信解说法，感得无碍现量通晓“这些众生信解三乘中此乘”之类不同信解意乐的一切差别，即是知种种信解智力。

6. 由往昔修习一切乘，感得无碍现量通晓行于三界与三菩提等一切轮涅之道的类别，即是知趣行智力。

7. 由往昔策励修行无量等持，感得无碍现量通晓其余补特伽罗相续所生起的静虑、无色定、解脱、等持、有漏染定、无漏清净定的一切等持差别，即是知染污无垢智力。

8. 由往昔不唐捐善根、不放逸，感得无碍现量通晓自他前世一切行为及其原因，即是随念宿世智力。

9. 由往昔不令其他众生恐惧而作为他们的引导者如实说法，感得无碍现量通晓一切众生由何处死迁、转生于何处的一切贤劣差别，即是天眼通智力。

10. 由往昔为灭尽有漏而说法，感得无碍现量通晓寂灭自他烦恼、漏尽的一切相，即是知寂灭智力。

如是随顺众生的各自相续而克胜所断之十种智力现前，摧毁了自他的违品四魔。

癸二、以能表比喻决定：

处非处异熟，种种界趣行，

信解染净根，随念诸宿世，

天眼漏尽理，穿毁断无知，

盔甲坚墙林，故力如金刚。

知因果处非处智力、知业异熟自所造智力、知所化界不同种种界性智力、知种种不同趣行智力、知众生种种信解或意乐智力、知所化信等根胜劣智力、知静虑等至等有染、清净差别智力、随念宿世通智力、以天眼知死迁与投生之力、知自他漏尽理智力，次第能穿破、能摧毁、能斩断各自违品——如硬盔般、如坚墙般、如稠林般的无明等障。为此如来的十力犹如金刚实物，也就是，依照将要讲的知处非处等前六力能穿破如硬盔般的所知障的缘故，如同金刚；以知静虑等力、随念宿世通智力、天眼通智力三种能摧毁如坚墙般的等持障的缘故，如同金刚；以知漏尽智力一种能斩断如稠林般的烦恼障的缘故，如同金刚。

壬二（解说四无畏）分二：一、认清义本体；二、以比喻决定。

癸一（认清义本体）分二：一、本体；二、作用。

子一、本体：

诸法圆菩提，能灭诸道障，

说道及说灭，无畏有四种。

1. 佛陀由往昔也是以平等心无有悭吝说法，感得从自利而言亲口说“我已现量证悟如所有、尽所有智的无余一切法之理”，现前真实圆满菩提无畏。

2. 由往昔不依障碍之法，感得从他利而言宣说获得解脱之障贪等烦恼需能灭一切道障法无畏。

3. 由往昔趋入所信解白法之道，感得从他利而言宣说一切出离轮回的三乘道无畏。

4. 由往昔无有我慢而说法，感得从自利而言亲口说获得无余灭尽所断的灭谛无畏。

如此从四种意义而言佛陀坚定立誓广大处，于眷属中传出狮吼声，于梵天处转妙法轮，以苦行、种姓、受用、威力、离贪而贡高我慢的沙门、婆罗门、天、魔、梵天等谁也不会真正合理反驳或驳斥。由于身体安适、无有羞怯、心得无畏，故佛陀的无畏功德有四种。

子二、作用：

自他所知法，自知令知故，

断令断所断，修行所修故，

得令得所得，无上极无垢，

自为他说谛，故大仙无碍。

依靠证得四无畏而从自他二利入手，亲口说“我已了知苦等一切行相所知法”并为令他众也了知而宣说苦等诸法的缘故。亲口说“我已断除业与烦恼等集谛所断法”并为令他众也断除而宣说道障集谛的一切法。亲口说“我已修行所修道谛的一切行相”并为他众也修行而宣说一切出离的道法的缘故。亲口说“我已得所得无上极无垢具二清净的灭谛”并为令他众也获得而宣说漏尽灭法的缘故。如此亲口说自己善妙证悟、为他众也如实证悟而宣说四圣谛永无畏惧的缘故，大仙人圆满佛陀于沙门、婆罗门等任何眷属中无碍趋入宣说妙法。

癸二、以比喻决定：

兽王林边常无畏，无惧行于群兽中，

会中能仁狮子王，善住无待坚具力。

犹如兽王狮子恒常住在茂密森林边缘也无有怖畏，无惧行游于猛虎、大象等大力群兽中，自己善妙安住、不观待他众、心坚稳、具足圆满妙力。同样，于沙门、婆罗门众多我慢者聚集的众会中，能仁人中狮子王也无所畏惧，堪为最胜主尊善妙安住，因不依赖而不观待他众，恒常入定而心坚稳，连极细微所断也已断除而具足圆满妙力安住。

壬三（解说十八不共法）分二：一、真实宣说意义；二、对应比喻。

癸一（真实宣说意义）分二：一、十八不共法各自分类；二、对应解说作用及获得之理。

子一（十八不共法各自分类）分二：一、分别广说；二、归纳宣说。

丑一（分别广说）分四：一、行为所摄六法；二、证悟所摄六法；三、事业所摄三法；四、智慧所摄三法。

寅一、行为所摄六法：

佛无误暴音，无有忘失念，

无有不定心，亦无种种想，

无有不择舍。

佛陀的身语意行为无有颠倒。

1. 本师佛陀由曾于往昔学道位修行时为迷路的众生无误示道等，感得最终成佛时无有跑跳等三毒引发的误失业，这是身体的一个不共行为。

2. 佛陀由往昔不曾有争论，感得断除妄语、吵嚷而无有争论、绮语等烦恼引发的卒暴音，这是语言的一个不共行为。

3. 佛陀由往昔修行六随念，感得无有忘记过去事的失念。

4. 佛陀由往昔修行守护他心，感得一缘安住等持，后得无有散乱等不定心。

5. 佛陀由往昔修行断除颠倒心想，感得无有“执著轮回与涅槃自性异体”之种种想。

6. 佛陀由往昔修行自他平等性、有寂平等性等，感得无有“所化时机成熟却不加抉择地舍弃众生”的等舍。

(3–6) 是意的四种不共行为。

寅二、证悟所摄六法：

欲正勤念慧，解脱解脱智，

及见无退失。

宣说如来的根、处及果中无有未得之退失：

1. 佛陀由往昔修行寻求甚深广大法等，感得希求三宝种姓不断、利益众生的欲乐无退失。

2. 佛陀由往昔修行依止上师、成熟众生等的精进，感得欢喜利他的精进无退失。

3. 佛陀由往昔修行念住等，感得如实照见诸法的正念无退失。

4. 佛陀由往昔求法不厌足而生起三慧，感得辨别法的智慧无退失。

5. 佛陀由往昔断除愦闹于寂静处修行瑜伽与解脱等，感得离障的解脱无退失。

6. 佛陀由往昔为他众证悟而说法、修行了知缘起性等，感得于诸法自在的智慧解脱障碍的本智照见一切所知无退失。

在此之所以没有讲等持，是将它归在恒常无不定心当中了，有些没有说正念，也是把它归在无忘失念中了。如果按照有些人既讲正念也讲等持来说，就要将欲乐与精进作为一个，或者解脱与解脱智作为一个。

寅三、事业所摄三法：

诸业智为导。

这是指不共的事业。

1. 佛陀由往昔远离谄诳诈现等、修持梵行，感得一切身业神变等以智为先导随智而行。

2. 佛陀由往昔断除妄语等修行说利益适宜具正法语，感得说法等一切语业以智为先导随智而行。

3. 佛陀由往昔断除贪心等一切修行正见，感得修禅等一切意业以智为先导随智而行。

因此，佛陀身语意三事业均是以智为先导随智而行。

寅四、智慧所摄三法：

于时智无障。

这是指不共安住于智慧。

由往昔修行对过去、未来、现在出世的佛陀证得无著无碍的智慧无有怀疑、信解自己会获得它、自他均趋入依次感得无著无碍的智慧照见趋入过去时，以无著无碍的智慧照见未来时，以无著无碍的智慧照见现在时，因此照了三时的智慧无有著碍之障。

丑二、归纳宣说：

如此十八法，佛与他不杂。

如是行为所摄六法、证悟所摄六法、事业所摄三法、智慧所摄三法——这十八法及其余无量身、胜伏一切及殊胜的无见顶相及如滋补药般见到即能止息众生过患等也唯是本师佛陀所具有的功德，因此是与其他补特伽罗不混杂、不共同的功德。

子二、对应解说作用及获得之理：

佛无误暴音，忘失及意动，

异想与随舍，欲乐与正勤，

正念无垢慧，恒常而解脱，

普见所知义，解脱智无失。

大仙人佛陀身体的行为无误失、语言的行为无卒暴音、意的行为无忘失念，无有动摇的不定心、无有将轮涅自性执为异体等种种想、不抉择所化而随便置于等舍，这是行为所摄的六种功德。希求利他的欲乐无退失、欢喜利他的精进无退失、照见一切事的正念无退失、无有烦恼垢的智慧无退失、恒时解脱障碍无退失、无余现量照见如所有尽所有所知义的解脱智永无退失，这是证悟所摄的六种功德。

彼之三事业，皆智先随行，

无碍广大智，恒常入三时。

证无畏为众，转大妙法轮，

具大悲胜者，佛陀所证得。

佛陀的身语意三种事业均是首先以智为先行、其后随智而行，这是事业所摄的三种功德。决定无著无碍的广大智慧恒常趋入过去、未来、现在三时所摄的一切所知，这是智慧所摄的三种功德。如是佛陀十八不共法依靠证悟、现前而无所畏惧为芸芸所化众生广转妙法轮。这就是欲求救度一切众生离苦的具足大悲及克胜四魔的唯一本师，这也是佛陀由往昔随应各自修道远离垢尘而现量证得的。

癸二、对应比喻：

地等所具法，法尔非虚空，

虚空无障等，彼相色无有。

地水火风空，等同世间共，

不共微尘许，世间亦不共。

地等四大种所具有的法——地的法相坚硬、水的法相湿润、火的法相暖热、风的法相动摇等有为法的法尔，不是无为法虚空的法相，而虚空的法相是无障、无碍、无为等的功德，它的法相，四大种的色也无有，因此相互不混杂。同样，其他补特伽罗具有的生灭等法，佛陀无有，而佛陀的究竟功德，其他补特伽罗没有现前，因此佛陀的不共功德等同虚空。或者比比喻更超胜，地水火风虚空界仅仅从大种等这一层面是等同的缘故，世间中也会有共同的情况，但佛陀的不共法，连极微尘许在世间中也是不共同的，故虚空也不能如实表示。

辛二（广说他利世俗色身具有之异熟果功德）分二：一、宣说所表相分类；二、对应能诠比喻归纳。

壬一、宣说所表相分类：

善住及轮相，广足踝不露，
指趾皆纤长，手足网缦相，
皮肤柔嫩妙，身体七处高，
腨肉如鹿王，密藏如大象。

1. 佛陀由往昔学道时立誓坚定，感得最终成就色身佛时足掌善住，如龟腹般平整。

2. 佛陀由往昔施舍种种资具，感得手掌脚掌具有千辐轮图案庄严。

3. 佛陀由往昔不轻视他众，感得足跟广大、足踝骨不显露，渐圆。

4. 佛陀由往昔以正法救护众生，感得手指足趾纤长。

5. 佛陀由往昔不离间别人的眷属，感得手指足趾以金网相联。

6. 佛陀由往昔施予别人种种妙衣，感得皮肤极其柔软、细嫩善妙。

7. 佛陀由往昔施予胜妙饮食，感得身体双足背、双手背、双肩、后脑七处高隆丰满。

8. 佛陀由往昔受持佛陀之法，感得腨如鹿王圆润、渐细。

9. 佛陀由往昔守护秘密语、断除不净行，感得密处如大象或骏马般隐藏不露。

上身如狮子，肩膊无间丰，

肩头圆手柔，圆润无高下，

臂长洁净身，具足光环相，

喉如无垢螺，颌轮如兽王。

10. 佛陀由往昔逐渐行持广大善业，感得上身如狮子般丰满。

11. 佛陀由往昔真实行持善法，感得双肩膊无中间空空，十分丰满。

12. 佛陀由往昔对他众作无畏施及安慰，感得肩头圆满，肩膀结实美妙。

13. 佛陀由往昔欢喜作为他人的助伴，感得双手所触细柔、形状圆润，无有粗细高低，即使不弯身，手掌也能触及膝盖，手臂长。

14. 佛陀由往昔不厌足行持十善，感得洁净无垢的身体具有光环。

15. 佛陀由往昔对病人施予种种药物，感得喉间有无垢的三层海螺纹。

16. 佛陀由往昔圆满修行善行，感得颌轮如兽王狮子般丰满。

齿四十平等，纯净齿齐密，

清净齿平整，四牙最鲜白，

舌广无边际，无思最上味，

自然梵音声，迦陵频伽音。

17. 佛陀由往昔对众生有平等心，感得具足完整的四十齿，上下二十数目平等。

18. 佛陀由往昔调解不和睦的众生，感得牙齿极其纯净、无间细密。

19. 佛陀往昔施授悦意宝珠，感得清净无垢的牙齿无有长短粗细，平齐。

20. 佛陀由往昔不染三门一切罪业之垢而行持，感得四牙如极品海螺般鲜白。

21. 佛陀由往昔守护真实语，感得舌形广长、细薄，能覆盖面部。

22. 佛陀由往昔授予悦意味，感得了知无量无边香味及不可思议的最上味。

23. 佛陀由往昔断除恶语、说悦耳语，感得不观待分别等起而语言自然如迦陵频伽声及梵音般悠扬远播。

绀目牛王睫，面严净白毫，

头顶髻净薄，众尊肤金色，

24. 佛陀由往昔慈爱护持他众，感得目如青莲花瓣一样黑白分明、炯炯有神。

25. 佛陀由往昔意乐无所动摇而行持，感得睫毛如牛王睫毛般浓密油黑而不乱。

26. 佛陀由往昔赞叹应赞的众人，感得面部庄严无垢的眉间白毫抻出则有一肘、放置则右旋而住。

27. 佛陀由往昔恭敬礼拜上师，感得头顶具顶髻，一切众生观而不厌。

28. 由往昔心堪能而行持及施予悦意床垫，感得众生之尊佛陀具有净垢不萎细薄皮肤犹如金色。

汗毛善妙细而柔，一一右旋皆上靡，

发如无垢蓝宝石，犹如涅珠大树轮，

普贤无喻大仙人，坚身具无爱子力，

不可思议三十二，此说本师人王相。

29. 佛陀由往昔断除愦闹、弘扬善法、受持亲教师规范师等的教言，感得汗毛美妙细柔，一一右旋向上生长。

30. 佛陀由往昔断除殴打、兵器等，感得头发如无垢蓝宝石一般。

31. 佛陀由往昔自他均修等持，感得身体如涅珠达树干圆满的妙树轮廓般周身肢体圆满。

32. 由往昔修复如来佛像、佛塔及安慰恐惧众生，感得普贤无喻的大仙人佛陀具有如无爱子之力，如金刚般坚硬的身体广洪挺直，完美。

如此，普通者无法思议、威光灿然的这三十二功德，经藏中明显说是天、人之导师遍知人王大丈夫的妙相，于此列举了这些。

壬二、对应能表比喻归纳：

无云之月色，秋碧湖中见，

佛子遍主色，佛坛城中见。

比如，无云时空中圆满的秋月色，秋季时在碧蓝清澈无垢的湖水中可见。同样，对于十地的佛子们及普通学子众，遍主佛陀的报身与化身二色身依次第于圆满佛陀的坛城中及世间坛城中可见。菩萨所见的报身如同空中月，普通人所见的化身如同水中月。

庚三、由说彼等圣教证悟之理：

六十四功德，此等各具因，

如依宝女经，了知斯次第。

如来的十力、四无畏、佛十八不共法及大丈夫三十二相，佛陀的六十四种功德这些各自一一具有作为法身有的功德离垢之因，及次第能生色身有的功德之因，应当如实依照《大乘窍诀宝女请问经》了知于此宣说的数量与次第。

庚四（归纳喻义宣说）分二：一、总说喻义等同之因；二、彼等对应分别宣说。

辛一、总说喻义等同之因：

不变与不弱，无等无动故，

以金刚狮子，虚空水月说。

如来的十力不为各自的违品所变的缘故如同金刚，四无畏辩才不怯弱的缘故如同狮子，十八不共法是声闻等无与伦比与之不共的缘故如同虚空，具有妙相的二色身于如虚空般的法身中不动摇同时于所化前显现的缘故如同水月，这四类功德依次以金刚的比喻、兽王狮子的比喻、无为法虚空的比喻、映现在净水中之月的比喻而宣说。

辛二（彼等对应分别宣说）分二：一、宣说离系果法身功德；二、宣说异熟果色身功德。

壬一（宣说离系果法身功德）分二：一、分别以比喻表示之理；二、归纳无别之理。

癸一（分别以比喻表示之理）分三：一、以金刚表示力之理；二、以狮子表示无畏之理；三、以虚空表示不共法之理。

子一（以金刚表示力之理）分二：一、各自表示之理；二、共同表示之理。

丑一、各自表示之理：

诸力中六力，三一依次第，

遣除所知障，等至及习气，

穿破摧斩断，如铠墙林故。

知处非处智力等十力中前六力、中间三力、最后一力依次遣除所知障、等至障及习气障，如同金刚，因为依靠这些力能依次穿破、摧毁、斩断分别如铠甲、如墙、如林的三障。

丑二、共同表示之理：

坚精稳不毁，佛力如金刚，

精藏故坚韧，稳固故精藏，

不毁故稳固，不毁如金刚。

由于具足坚韧、精藏、稳固、不毁这功德四法，因此大仙人圆满佛陀的一切十力如同金刚。

为什么是坚韧呢？因为是轮回与涅槃一切法之精藏。为什么是精藏呢？因为是无为法任运自成而稳固。为什么是稳固呢？因为不被耽著分别念与相状等一切违品所摧毁。如是摧毁断除一切所断而不被其摧毁的缘故，十力犹如金刚。

子二（以狮子表示无畏之理）分二：一、略说；二、广说。

丑一、略说：

无畏无待故，稳故圆妙力，

能仁狮如狮，眷会中无畏。

由于对谁也无所畏惧、不观待他众、心力非常稳固、摧毁违品具足圆满妙力，故具足如此功德四法，能仁人中狮子王如同具四法的狮子于野兽中无所畏惧一样，于无量眷属会众中无所畏惧而安住。

丑二、广说：

现知一切故，无所畏惧住，

净众亦不等，照见故无待，

意于一切法，一缘故稳固，

无明习气地，逾越故具力。

若想：具足这样的四法又是以什么了知的呢？

由于无余现量了知一切所知相而能应答一切询问，故于反方等任何众生中均具足无所畏惧而安住的功德。由于与不同程度清净障碍的有情——声闻阿罗汉与住十地的菩萨本性不等同，比他们更超胜照见，故具足也不观待他众的功德。由于意不分别如所有、尽所有一切法并一缘安住，故具足等持稳固的功德。由于最难断除的极细微的无明习气地障也善加逾越，故具足摧毁违品的圆满妙力功德。

子三、以虚空表示不共法之理：

世间及声闻，行一边具慧，

自生愈上慧，细故喻有五。

世生存因故，同地水火风，

超越世出世，法相如虚空。

执著我的平凡世间人、证悟人无我的声闻圣者、证悟人无我与一半法无我而行于寂灭一边的缘觉、证悟人法二无我的具慧菩萨、现量了知一切所知的自生圆满佛陀，越来越向上，智慧越来越细深殊胜的缘故，能表示彼等次第的比喻，等同地、水、火、风、虚空五大种，后后比前前细微甚深。或者，佛陀的功德堪为无余一切世间生存的最殊胜根本的缘故，如同地作为所依、水能汇集、火令成熟、风令不朽而作为世间的生存因，或者，佛陀现前的法真实超越世间凡夫、出世间声闻等一切法的法相，与他们不共的缘故，如同虚空超越四大种的法相一样。

癸二、归纳无别之理：

彼等三十二，功德法身立，

如宝珠宝光，形色无别故。

十力、四无畏、十八不共法称为离垢果的三十二种功德，这些是以自利胜义法身来安立的。于其本性中无别安住，如同宝珠与宝珠的光芒、色、形无别一样，胜义的功德无有差别的缘故。

壬二（宣说异熟果色身功德）分二：一、妙相安住二身之理；二、以月喻表示色身之理。

癸一、妙相安住二身之理：

见能满足德，是谓三十二，

依于幻化身，圆满受用身。

足善住、具千辐轮相等妙相庄严的身体，所化众生仅仅见到就会说这是大丈夫，是能令人心满意足生起信心的功德，它们称为异熟果的三十二功德。它们也是依于共同所化前显现的化身与圆满受用大乘法的报身两种色身。

癸二、以月喻表示色身之理：

离净远近者，世间佛坛城，

如水空月色，见彼有二种。

对于离清净见色身之障碍较远的所化异生、声闻等及较近的所化住十地的菩萨，也就是次第于世间眷属坛城普通人前显现化身，于佛陀眷属坛城菩萨前显现报身，如同在清净的水中见到月影与见到空中月色一样，见到这般以妙相庄严的二身有两种所化种姓，因此希求色身者也要具有清净缘分。

大乘无上续宝性论中第三功德品释终

第四 事业品

现在是就获得彼等功德的威力任运、不间断佛事业而言：

戊四（能证方便事业之义）分二：一、宣说任运不间断之理；二、以比喻决定。

己一（宣说任运不间断之理）分二：一、略说；二、广说。

庚一（略说）分二：一、略说任运自成之义；二、略说不间断之义。

辛一、略说任运自成之义：

化界化方便，化界调化事，
彼境应时往，遍主恒任运。

佛陀利益众生时，真实了知无量所化的不同界性、意乐、随眠及种姓，但无有认为“应知是此是彼”的分别念勤作，是任运自成趋入。

如是类推，随应所化各自意乐而示现寂猛等种种调化方便而无有勤作，如云：“其自性虽离贪嗔，贪心者前示似贪，因所化嗔示嗔恨，顶礼住大菩提彼。”

如是将种种所化界安置于增上生与决定胜种种果的调化所作也无勤作。

前往有所化的境域无量世界也无有勤作。

所化到了该调化时，为了调化他们而前往，遍主圆满佛陀恒常无有分别念等勤作，任运自成而行。

辛二、略说不间断之义：

具胜功德珍宝聚，智水大海福慧日，
无余决定修行乘，无中边广如空遍，
佛见无垢功德藏，于诸众生皆无别，
以佛大悲风吹散，烦恼所知之云雾。

1."出离之因"：具有总持与等持等最殊胜的众多功德珍宝聚，以无垢智慧水充满的菩萨十地大海。

2."显示之因"：福慧资粮能成熟众生如日光般，依此无余决定修行所行道乘。

圆满因的缘故，如来事业不间断。

3. 获得无有中边、广大周遍如虚空般的大菩提果的缘故，如来的事业不间断。

4. 获得菩提后，因为照见了一切有情均毫无差别地具有"具足力等自性无垢功德、原本如同宝藏般的胜义佛陀"，进而摄受他们。

5. 摄受的原因，是需要遣除能遮障虚空般如来藏的如云般的客尘烦恼障与所知障。

6. 能遣除彼障的缘，是依靠如来如狂风般的大悲力，能吹散垢染之云的缘故，佛陀事业不间断。

或者说，佛在众生位时修行十地与二资粮，究竟证觉后，他以大悲摧毁众生的障碍，因此事业不间断。

庚二（广说）分二：一、任运自成之义；二、不间断之义。

辛一、任运自成之义：

何者依何化，何为何处时，

无彼分别故，能仁恒任运。

为了什么所化而行、依靠什么方便调化、调化的所为是什么、前往有所化众生的什么处、时机已至的什么时间调化，由于对这些不生起某种动机的分别念、无有勤作的动摇，故能仁圆满佛陀的事业恒时任运自成而行。

于何所化界，依众方便化，

所化之所为，何处与何时。

对于具有种种意乐的所化界，为了随应他们各自的信解而以三乘等众多调化方便来调化，是任运自成而行。将他们暂时安置于增上生、究竟安置于决定胜——调化之所为，也是任运自成而行。“何处与何时”即是何地与何时，于有所化之境与调化时机已到之时前往，也是无有分别勤作、任运自成而行。

辛二（不间断之义）分五：一、宣说名称分类；二、解说义本体；三、以比喻表示彼等之理；四、广说喻义；五、归纳不间断之理。

壬一、宣说名称分类：

出离彼显示，彼果彼摄受，

彼断彼障缘，无有分别故。

佛陀利益众生是不间断的，因为产生事业的出离之因、它的显示之缘、这些因缘形成果的方式、其果摄受事业所趋入的对境、这些对境的所断障碍、能断除障碍的缘，这一切都是无分别自然而行的。

壬二、解说义本体：

出离即十地，二资是彼因，

彼果胜菩提，菩提摄众生，

无量障烦恼，随烦恼习气，

诸时摧彼缘，即是大悲心。

若问：那六种原因是什么？

1. 能决定出离至究竟果位的因，是依次经行菩萨十地。2. 福慧二资，是令十地殊胜功德越来越增上并显示的因。这般由因圆满所生的缘故，佛陀的事业不间断。3. 它们究竟的果是获得无上真实圆满的殊胜大菩提，为此佛陀事业不间断。4. 获得菩提后，因为照见一切有情具有如来藏而进行摄受。5. 摄受的原因，是众生之如来藏有无量能障的烦恼、随烦恼及习气的客尘需要摧毁。6. 一切时分能摧毁障碍的缘，是以大悲心示道。为此佛陀的事业不间断。

壬三、以比喻表示彼等之理：

当知此六理，依次如大海，

日轮及虚空，宝藏云与风。

如来事业不间断之原因的这六种义理，以比喻、意义按次第对应来了知。也就是，应当了知，菩萨的十地如同大海，福慧二资粮如同日轮，这二者的果——大菩提如同虚空，菩提所摄持的众生界如同宝藏，众生的烦恼垢染如云，摧毁它们的大悲如风。

壬四、广说喻义对应：

具智水德宝，故地如大海。

有情生存故，二资如日轮。

由于具有无垢智慧水与神通等功德珍宝，故出离之因——菩萨十地犹如大海。

由于有助于利乐一切有情生存，故显示之因——福慧二资犹如日轮。

广无中边故，菩提如虚空。

真佛法性故，众生界如藏。

由于周遍一切而广大、无有中边而甚深，故它们的果——大菩提犹如虚空。

由于真实圆满佛陀具有的法性功德无尽财富原本任运自成安住，故所摄持的众生界自性清净的如来藏如同大宝藏。

客尘遍不成，故惑如云聚。

散彼近住故，大悲如狂风。

由于是可断的客尘性、自性能遍、胜义谛中不成立，故自性清净界的障碍烦恼犹如浓密的云聚。

由于能吹散烦恼云的示道近住，故断障之缘——无尽大悲如同狂风。

壬五、归纳不间断之理：

依他而出离，自见众生同，

事业未圆故，有际不间断。

往昔十地修行二资粮的阶段立誓并发愿救护一切众生，因为由因圆满依他起而出离，因为自己获得大菩提而照见与众生法界自性清净无有少许差别同等后了知有义事业，因为于无边无际的世间界以大悲摧毁一切有情之障碍的事业没有圆满，所以，乃至所化轮回没有空无之间佛陀的事业是不间断的。

己二(以比喻决定)分四:一、总括以比喻分类;二、对应意义各自本体;三、以说必要摄义;四、复次归纳宣说差别。

有人会想:佛陀以无有生灭而言具有无为法的法相,那么如何能乃至轮回存在间事业任运自成不间断趋入?为了遣除生起这种怀疑的迷乱而对佛陀不可思议的境界生起信解,以多种明显比喻宣讲。

庚一、总括以比喻分类:

如帝释天鼓,雨云与梵天,

日轮如意宝,回响虚空地。

如来事业以无分别、任运自成、不间断的方式,相应所化的缘分趋入,能表示它的比喻有九种:

1. 身体示现无量幻变,就像帝释于天界中不动而于人间显现影像劝勉人们行善一样。

2. 语言宣说种种教言,犹如天鼓宣说四法印利益天人一样。

3. 意智慧周遍一切有情,犹如云遍及一切、降下雨水成熟庄稼一样。

4. 身语的种种幻化事业,就像梵天于自处不动、但他的幻化可令欲界天人们见到而受益一样。

5. 意智慧散射无量,犹如日光次第遣除黑暗一样。

6. 依靠意密行他利，犹如摩尼宝无有分别而赐予所需一样。

7. 依靠语密行他利，犹如回响不成立真实也能宣说种种意义一样。

8. 依靠身密行他利，犹如虚空周遍一切、但不成立有为的色法。

9. 转依的悲心成办他利之理，犹如大地作为一切所依而进行饶益。

庚二（对应意义各自本体）分九：一、以天王喻决定示现神变之理；二、以天鼓喻决定宣说教言之理；三、以云喻决定智悲周遍之理；四、以梵天喻决定幻化之理；五、以日轮喻决定智慧散射之理；六、以宝珠喻决定意密；七、以回响喻决定语密；八、以虚空喻决定身密；九、以大地喻决定大悲趋入之理。

辛一（以天王喻决定示现神变之理）分三：一、虽无分别也成他利之理；二、善加对应宣说彼理；三、归纳宣说无生灭之理。

壬一（虽无分别也成他利之理）分二：一、解说能表喻本体；二、解说所表义本体。

癸一（解说能表喻本体）分四：一、清净大地显现影像之理；二、依彼行善业之理；三、依彼业获得所求果位之理；四、无勤成义之理。

子一、清净大地显现影像之理：

犹如净琉璃，自性此地上，

净故见天王，天女会众俱。

美妙尊胜宫，彼天境处外，

无量宫种种，以及众天物。

犹如南赡部洲的大地变成清净无垢的琉璃宝，在具此自性的地面上，因为清净光洁，可以见到住于三十三天的天王帝释及天女等无量眷属会众，其主要处所——美妙的尊胜宫地基是四宝所成，具有四梯阶，柱子由金、银、琉璃、水晶所造，柱底、柱顶等由砗磲等所造，有一百零一个殿宇，每一个殿宇各有七楼阁等严饰。彼天境处以外的见喜城，由金网环绕诸方，围墙由金、银、琉璃所造，有四堵精美的短墙，九百九十九扇门，所有门以众多珍宝饰品点缀，每一扇门各有五百执持武器的守卫，所有道路遍铺金沙等。天王的无量宫，有轮宝等种种庄严。另外，天人们奇珍异宝所成的楼阁，由殿宇、凉亭、台阶均悦意的网状天窗等精致严饰，天人们享受妙欲的悦意林苑，如意树如愿出现饮食、服饰、鲜花、乐器等，池塘由八功德水盈满，湖泊由种种鲜花、飞禽点缀，所有道路遍满手持种种乐器的美丽天女，大地均遍布曼达罗花等多种天物受用，在人间的人们可以善见这些影像。

子二、依彼行善业之理：

尔后男女众，安住地上者，

得见彼显相，而发如是愿，

愿我等不久，犹如此天王。

是为获得彼，真实行善住。

之后，赡部洲的男女等众住于地上的所有人们得以见到三十三天的无量财富显相，欢喜乐求，并发下“愿我等不久也速得如同具有圆满受用的此帝释天王一样”如是多种愿。他们为了获得帝释天的增上生果，真实行持守护一分戒等善法而住。

子三、依彼业获得所欲果位之理：

彼等依善业，虽不了此相，

如是显现理，此逝转天界。

那些男女，只是依靠认真行持守戒等诸善业，而见到帝释天等这些影像，并不是天界等事物真实降临彼处。虽然并没有真实了知如是显现的道理，但对影像执为本体而行善，因此从地上人间去世后会如其所愿而转生天界。

子四、无勤成义之理：

彼相无分别，亦无有动摇，

然于地上者，具有大意义。

琉璃地上呈现的帝释等相，它无有令赡部洲人行善之想法动机的分别念，也无有勤作动摇，然而住在地上人间者依此真实行善并辗转得到所求果位，因此具有重大意义。

癸二（解说所表义本体）分四：一、清净心显现色身之理；二、成就所求果位之理；三、无勤也有义之理；四、次第得究竟法身之理。

子一、清净心显现色身之理：

信等无有垢，修信等功德，
自心现佛陀，妙相具随好。
散步及站立，安坐及安眠，
做种种威仪，宣说寂灭法，
不说而入定，行种种幻变，
具大威光尊，众生得现见。

如同比喻一样，信心、精进等做到无有违品——不信等垢染，依次第修行信心、精进、正念等功德而使自心清净，会显现出圆满佛陀的色身以三十二妙相庄严，具足八十随好。佛有时散步、站立、安坐、睡眠，还有行走等，做出种种威仪，对所化众生宣说寂灭涅槃法，有时不说法而向内真实安住入定，示现神变等行持种种幻变，具有光环而示现大威光等无量神变，对此有缘众生得以现见。

子二、成就所求果位之理：

见彼亦希求，为佛极力行，
彼因真实行，能得所求果。

见到清净自心显现的色身后，也具有希求得佛果的欲乐，为了迅速获得佛果而极力行持听闻等善法，如此能成就佛果的因意乐——发菩提心、加行——真实修行六度等，次第串习，从而能获得所欲求的究竟果等佛果。

子三、无勤也有义之理：

彼现亦无有，分别及动摇，
如此于世间，亦以大义住。

在清净心前显现的佛陀，也无有“如此这般利益众生”的想法等分别念，永远无有以勤作动摇，但见到佛陀这般于世间中，所化会直接行持广大善根，间接获得一切智，因此以重大意义而安住。

子四、次第获得究竟法身之理：

异生虽不知，此乃自心现，
如此见色身，彼等亦具义。
次第依见彼，安住此乘者，
将以慧眼见，内胜义法身，

凡夫异生虽然不知道色身具无量幻变，这只是自心清净显现的胜义佛陀的影像，而不是究竟的佛陀，但如是见到佛陀的色身对见者的这些所化也是有大意义。逐渐依靠见到色身而为了获得佛果安住此甚深大乘并修道的具缘者，将以入定无分别智慧眼现量明见内在各别自证胜义心自性光明法身具一切殊胜相之空性。

壬二、善加对应宣说彼理：

地离余惨境，无垢之琉璃，

明妙具珠宝，离垢妙功德。

上平净故现，种种天王影，

渐离地功德，彼复不显现。

犹如赡部洲整个大地远离悬崖、深渊等其余悲惨处，而具有无垢琉璃的自性光明、形状美妙等珠宝离垢殊妙功德，地上面平坦如掌，由于它清净、明澈、无垢如镜面般，故其中映现出天王的尊胜宫等种种，天王帝释及彼天以外多种无量天物受用的影像。最后，逐渐离开了地的明澈等功德的缘故，那些影像也不再显现。

为得彼事乐，斋戒布施等，

男女之众人，以信散花等。

为得净琉璃，心现能仁王，

具有极喜心，佛子发大心。

人们依靠显相，为了获得帝释受用的事物而乐于受持八关斋戒等戒律、布施、供养等，男女众人以信解希求获得天王之心而散花、香等做供养，行持种种善行。同样，为了获得如清净垢染之琉璃般的清净自心所显现的能仁王，具有对佛极其欢喜之心的佛子菩萨们也像人们为了获得天王果位而行善一样，发殊胜大菩提心而精进行持六度。犹如不清净大地不现影像一样，不具缘分者不会见到佛陀。

壬三、归纳宣说无生灭之理：

如净琉璃地，现天王身影，
众生净心地，映现佛身影。
众前影现没，随无浊浊心，
如世显现相，不见有与坏。

比如，人间无有尘等垢、洁净的琉璃地上，会显现具有受用的天王身影，同理，所化众生若无有不信等垢，清净的心地上会显现具有妙相的能仁王身影。如此于所化众生前佛陀身影的显现与隐没，是随着无有不信等浊的清净信自心而显现色身，有不信等浊垢的不清净自心而显现色身隐没。如同人世间由于大地清净、不清净而显现天王影像映现与隐没，但天王本身于自处没有动摇一样，因所化清净、不清净而显现色身生、灭，但胜义法身永远不见这种“有生与坏灭”，因为无为法是无变的。

辛二（以天鼓喻决定说教言之理）分三：一、如天鼓般说妙法之理；二、较比喻更超胜之理；三、彼等依缘趋入之理。

壬一（如天鼓般说妙法之理）分二：一、广说喻义等同之理由；二、善加对应归纳。

癸一（广说喻义等同之理由）分三：一、无勤之理；二、依业所生之理；

三、成就寂灭之理。

子一、无勤之理：

如天境天人，以昔白法力，

无有勤作处，意色分别念。

无常苦无我，寂灭法鼓声，

屡屡而劝勉，放逸诸天人。

犹如天境一切天人由往昔积累善行白法善妙共业的威力所感，天鼓虽无有想说等勤作、舌腭等发音处及意形色相与等起分别念，但能同时传出“诸有为法皆无常、一切有漏皆苦、诸法无我、涅槃寂灭”的法鼓声，再三劝勉心思散乱于欲妙放逸的一切天人行善。

遍主无勤等，佛语普周遍，

无余所化众，于有缘说法。

同样，遍主圆满佛陀远离欲求说此法之想的勤作等，但相应众生各自缘分趋入的佛语周遍于无余所化众生，对三种姓的具缘者宣说广大三乘法。

子二、由业所生之理：

如天境天人，鼓声自业生，

能仁所说法，亦由自业生。

犹如天境天人们的天鼓声宣说四法印，是由天人往昔各自积累善法的共业所生。同理，世间中，能仁圆满佛陀相应所化意乐宣说无量法门也是由众生各自积累广大善业的威力所生。

子三、成就寂灭之理：

离勤处身心，鼓声令行寂，

远离勤作等，此法令成寂。

如同远离想说的勤作、发声部位及意形身体、动机分别心的天鼓声使天人行持寂灭放逸。同样，远离勤作等四法、相应各自缘分所说的此法也是使无量所化众生的相续成就寂灭涅槃的果位。

癸二、善加对应归纳：

天城法鼓声，因生赐无畏，

惑赴沙场时，胜非天除戏。

世间禅无色，因生尽摧毁，

众生烦恼苦，说寂无上道。

犹如由天界城市中传出法鼓声的因所生能赐予无畏施，是指天人们在以嗔恨烦恼为与非天斗争而赴战场时“愿天人无畏”的声音能遣除战胜非天军队的怖畏。当天人以贪心烦恼贪恋嬉戏享受欲妙的安乐时，四法印的声音能遣除放逸。同样，于无量所化世间，依靠佛陀的说法而增上修行禅定无色定等持善根之因所生能完全摧毁一切众生烦恼痛苦的畏惧，由详细宣说寂灭涅槃无上道之理能使他们获得其果位。

壬二（较比喻更超胜之理）分二：一、略说；二、广说差别。

癸一、略说：

遍众生利乐，具足三神变，

是故能仁音，胜天物铙钹。

因为：1. 相应各自意乐周遍无量所化众生而不是相似；2. 以究竟至决定胜果位而利益；3. 暂时得增上生欢喜而令他们安乐；4. 具足神境神变、记说神变及示导神变三种神变而出离痛苦。由于具备这四种功德法，故能仁圆满佛陀的说法妙音比相似、不是一定利、乐、出离的天物铙钹声更为超胜。

癸二、广说差别：

天界大鼓声，不入住地耳，

佛鼓声遍行，轮回地下界。

在无量的天界，大鼓声周遍而行，但它不会传入安住地上众生的耳中，是片面的，而佛陀的说法鼓声应时也周遍普行所化住于轮回中的地下世界，所以不是片面的，由此超胜。

天界多铙钹，为增欲火传，

悲尊一妙音，为灭苦火入。

天界天人的数多俱胝种铙钹也为了增上贪恋欲妙安乐之火而传出，所以并非利益，而大悲尊主圆满佛陀仅一种说法妙音也为善灭所化有缘众生的痛苦熊熊烈火及因、获得涅槃而趋入，所以是利益，由此也超胜。

天妙铙钹声，增心掉举因，

悲尊如来语，劝专思等持。

天界布局美妙，仅听到也会悦意的铙钹的多种声音也是增上心掉举散乱于对境的因，所以并非安乐，而大悲尊主如来语成为能劝勉所化众生专心思维于静虑等持之因，所以是安乐，由此也超胜。

总之诸世间，天地安乐因，

彼遍照世间，尽依妙音宣。

总而言之，天物铙钹不是出离，无余世间界中能断除天人住地之人等痛苦、增上无漏大乐之因，那就是以具三神变周遍照亮无余世界的佛语妙音，依靠它所宣说能出离痛苦，由此也超胜。

壬三、彼等依缘趋入之理：

犹如诸聋人，不闻细微声，

具有天耳者，亦非闻一切。

细微殊胜法，细微智行境，

亦唯无烦恼，具慧者得闻。

如同无有耳根的聋子不会听闻到细微声音一样，不具缘分者听不到佛语妙音。声音的一切差别也不会传入得天耳者的耳中，有些会传入。同样，佛陀极其细深殊胜法是微细智慧者的行境，也不是一切所化种姓众生都能听到，只是无有烦恼、具有殊胜智慧及大缘分的有些人才能得以听闻。

辛三（以云喻决定智悲周遍之理）分四：一、对应增长庄稼之同法；二、对应器成之同法；三、对应无观待之同法；四、对应灭火之同法。

壬一（对应增长庄稼之同法）分二：一、略说无勤之理；二、广说依缘趋入之理。

癸一、略说无勤之理：

犹如夏季云，庄稼茂盛因，
雨露无勤中，持续降大地。
大悲云中降，佛陀妙法雨，
众善庄稼因，无有分别念。

犹如夏季层层浓云密布，成为田地庄稼茂盛生长之因的雨水蕴无勤中连续降到大地上。同样，无量大悲云中降下佛陀遍知的妙法大雨成为众生田地善法无尽庄稼之因也是在无有等起分别念及勤作的同时任运自成。

癸二、广说依缘趋入之理：

如世入善道，风生云降雨，

悲风众善增，佛云降法雨。

于有大智悲，不染变不变，

住空定持海，佛云善稼因。

犹如世间众生趋入善业道，不放逸行持，依靠人天的威力风缓缓搅拌产生的云聚中逐渐降下雨水。同样，所化众生也是由信心、精进等善法增上而从佛陀大悲之风搅拌的云中降下妙法大雨，这般如云的理由也是为利住于三有轮回的所化刹土而依靠拥有的真实大智大悲，以智慧证悟所有无我的缘故，不染变化的轮回过患，以慈悲摄受众生的缘故不染不变的涅槃过患，安住于虚空的境界中，成为具有无漏禅定、总持无量门的大海，能仁王圆满佛陀的云，是增长善法无尽庄稼的因。

壬二（对应器成之同法）分二：一、比喻；二、意义。

癸一、比喻：

犹如凉香柔，轻水云中出，

与地盐等系，成极多种味。

犹如降雨，具有所触清凉、味道香甜、不伤身而柔和、轻爽、洁净、无臭、多饮也不伤腹、不伤喉——八支的一味水是由云聚中次第出现降下，因与下面大地有盐无盐等处不同相关而形成苦、甜等极多味道与不同功效。

癸二、意义：

八圣支甘霖，广悲云藏出，

众相续处别，成具多种味。

同样，佛陀说法也具足妙法八圣道分支于真如中一味的甘霖由极其广大的大悲心云藏中逐渐出现降下，由所化众生相续的界性、根基等不同处的差别而形成具有三乘等多种味道。

壬三（对应无观待之同法）分三：一、以三喻略说；二、广说其义；三、无观待趋入之理。

癸一、以三喻略说：

于胜乘净信，中等与嗔群，

三种如众人，孔雀与饿鬼。

对于佛陀的一切法于真如中一味之理胜乘法雨降下，极其清净信心决定信解的众生群体，安住信不信中等的不定众生群体及嗔恨不信解决定颠倒的众生群体三种依次，信解者如降雨时人们欢喜，住中等者如同孔雀，嗔恨不信解者如同饿鬼。

癸二、广说其义：

春末无云人，不行空中鸟，

夏季雨降地，饿鬼则痛苦。

大悲云聚中，法雨现不现，

欲法嗔法者，世间彼比喻。

春末季节无云时，人们痛苦不喜，下雨时会欢喜，不行于天空中的孔雀永远不依赖水，所以对雨水处于既不欢喜也不痛苦的中等状态，夏季降雨时大雨降到地上，显现热沙雨的饿鬼处于极其痛苦不欢喜的状态中。同样，对于佛陀的大悲云聚，甚深广大妙法雨有没有出现在世间，也是依次，决定欲求正法的群生出现法雨则欢喜，没有出现则不欢喜；不定的群生对正法处于既不欢喜也不痛苦的中等状态；嗔恨正法决定颠倒的众生群体，如果没有出现法雨则处于欢喜中。能表示这三种意义，世间中对应那三种比喻。

癸三、无观待趋入之理：

大滴雨降下，热沙金刚火，

细微至山者，云聚不观待。

细广以种姓，智悲之密云，

诸时无观待，惑净我见眠。

比如，大滴的雨、大粒的冰雹降下，有些众生以业力所感降下热沙雨，降下金刚火与霹雳，对住于大地的有些细微含生造成损害，而对于已到深山的有些含生无有损害，但云聚并不观待此等而趋入，佛陀的细微甚深广大法雨，以了知种姓及善巧方便的方式从智悲云中出现，也是对于烦恼即将清净的有些有缘者有广大利益，对于有坚固我见随眠的有些无缘者暂时不显现，但智慧之云随时随地并不观待他们的利害而趋入。

壬四（对应灭火之同法）分三：一、能灭痛苦烈火之理；二、次第生起能灭——智慧之理；三、依了知而修行之理。

癸一、能灭痛苦烈火之理：

生死无初始，行彼道有五，

不净无妙香，五趣无安乐。

彼苦恒如火，刃盐等触生，

悲云降妙法，大雨能灭彼。

三种染污所摄的缘起二十支周而复始流转生死等痛苦也无有仅此初始产生的决定性，不修解脱道者也无有从此边际灭尽的决定性。行于彼处的众生经行的道有五种，地狱、饿鬼、旁生为三恶趣，人、天为二善趣。就像不净物中永远无有妙香一样，五趣轮回也丝毫无有安乐的机会，因为处于三苦及八苦等极其痛苦中。轮回的痛苦差别也是恒不间断如同被大火焚烧、被利刃砍割、在新伤口上加盐等接触所生的苦受一样极其难忍，佛陀以欲求救度他们离苦的大悲云中随各自缘分不间断降下深广妙法大雨，实修其义则能灭尽痛苦的烈火。

癸二、次第生起能灭——智慧之理：

了悟天死堕，人有求苦故，

具慧亦不求，天王人君尊。

随从于智慧，虔信于佛经，

此苦此是因，此灭智见故。

由于了悟到“天人也有死堕之苦，人也有无而寻求、有而守护、饥渴疲惫等苦”，故具有了知轮涅实相智慧的智者们，对于天王帝释，人君转轮王等殊胜果位也不欲求，因为随着前世获得的智慧，今生也是对如来无垢经典极其虔信，如理进行闻思，证悟“有漏果的这一切是痛苦，业惑这一切是它的因集谛，轮回因果无余灭尽这叫灭谛涅槃”，依靠道无我的清净智慧真实现见。

癸三、依了知而修行之理：

当知疾病当断因，当得乐住当依药，

苦因灭彼如是道，当知当断当证依。

比如，想离开疾病痛苦而获得无病快乐的智者应当了知疾病的本体是什么，应当断除不消化的食物等产生疾病的因，应当获得住于无病的安乐，应当依止它的方便妙药。同样，想离开轮回痛苦获得涅槃安乐的具慧者也应当了知有漏果所摄的一切轮回是痛苦，应当断除它的因业与烦恼所摄的所有集谛，应当现量证得、获得远离那些垢染的灭谛涅槃安乐。如是相续次第应当依止它的方便无漏五道。

辛四（以梵天喻决定幻化之理）分二：一、于具缘者前示现之理；二、

于无缘者前不现之理。

壬一（于具缘者前示现之理）分三：一、以无勤等同；二、以除罪等同；癸三、观待缘分等同。

癸一、以无勤等同：

梵天于梵住，无有迁移中，
于一切天境，无勤示显现。
佛于法身中，不动于诸界，
众具缘者前，无勤示幻现。

比如，色界大梵天，于梵住第一禅的无量宫不迁移他处同时以幻化的显现无勤示现于六欲天所有处。同样，能仁圆满佛陀也是于胜义法身中永不动摇别处而于无量一切世间界具缘所化众生前无有勤作任运自成以世俗色身幻化随机示现种种幻变。

癸二、以除罪等同：

梵天恒于宫，不动入欲界，
天人见见彼，亦断喜对境。
善逝法身中，不动于世界，
有缘见见彼，恒行除诸垢。

比如，大梵天恒时于自己的无量宫中不动摇安住同时以幻化的身体遍入一切欲界天境，欲界的六种天人们会见到他。依靠见到色界天的富有，欲界的许多天人也为了获得梵天果位而对欲界的功德善色、妙音、妙香、甜味及柔软所触等对境断除喜爱。同样，善逝圆满佛陀也是于法身中永不动摇安住的同时以化身于无余所有世间界示现无量幻变使有缘的所化众生得见，依靠见到色身的幻变，有缘的许多所化众生也是为获得佛陀的圆满而恒时进行遣除二障及习气无余所有垢染。

癸三、观待缘分等同：

往昔自愿力，天人善业力，

梵天无勤现，自生化身同。

依靠往昔利益天人梵天自己发愿力及欲界天人积累见到梵天的共同善业力，梵天无有勤作于欲界示现，自生圆满佛陀的化身也是这样，依靠佛陀的宿愿与所化的善业力，于法身中无有勤作于世间示现种种幻变。

壬二、于无缘者前不现之理：

天降入胎诞生住，王宫喜享静处行，

降魔证觉说寂道，无缘眼前佛不现。

佛陀所化时机已至，从兜率天降到赡部洲，入于母亲摩耶夫人胎中，在蓝毗尼花园诞生，安住父王的皇宫迦毗罗等处，共相欢喜享受王妃眷属八万人等，从王宫出家到极静处苦行，前往菩提迦耶、降伏魔军，依靠金刚喻定证得大菩提果，宣说令众生趋至寂灭涅槃城之道——转法轮等，善妙圆满宣说之后，照见暂时应行的所为事业圆满，能仁王示现涅槃相，于无有见佛缘分的众生眼前消失不现。

辛五（以日轮喻决定智慧散射之理）分四：一、不分别利害之理；二、不分别利他之理；三、依缘分次第显现之理；四、较比喻更超胜之理。

壬一、不分别利害之理：

如日热一时，莲开睡莲闭，

开德与闭过，无念圣日同。

如同日光在极其酷热的一时，使莲花尽情开放，使睡莲完全闭合，但日轮没有使水生莲花绽放、睡莲闭合的想法成为开启的功德与闭合的过患的分别念。同样，于此大圣圆满佛陀的日轮也以妙法的光芒，在酷热的一时，使所化智慧的莲花尽情绽放、非所化的意睡莲闭合，然而佛陀无有对他们利害的分别念。

壬二（不分别利他之理）分三：一、无分别利他之理；二、放光利他之理；三、顿时显现利他之理。

癸一、无分别利他之理：

如日无分别，顿时放自光，

令莲花绽放，令余得成熟。

如是如来日，妙法之光芒，

于所化众莲，无有分别入。

犹如日轮无有分别念顿时间放射自己的无量光芒，使莲花开启尽情绽放，使其余丰满的庄稼完全成熟。同样，如来圆满佛陀的日轮也是顿时间放射妙法的无量光芒，使所化众生莲花功德的花瓣尽情绽开，善法的庄稼成熟，但佛日对他们没有分别念而任运趋入。

癸二、放光利他之理：

法身与报身，菩提空中升，

遍知日智慧，放光于众生。

比如，日轮呈现在虚空界的光芒能驱散世间的黑暗，同样，自利胜义法身与他利名言色身圆满二身远离一切戏论边，现前菩提果的虚空中升起的遍知法王日轮，也是以了知无余所化众生的智慧放射种种妙法的光芒，驱散无明黑暗。

癸三、顿时显现利他之理：

因于诸清净，所化水器中，

善逝之日影，顿时现无量。

如同装满澄清水的许多水器内同时映现出太阳的影像一样，因为在烦恼等垢染完全清净、如同装满澄清水之容器般的无量所化相续中，如同太阳之影像般的善逝色身，同时呈现出无量，行持圆满他利。

壬三（依缘分次第显现之理）分二：一、略说；二、广说。

癸一、略说：

恒时遍一切，法界虚空中，

佛日应机落，所化之山上。

恒时无别周遍一切有法极其清净的法界虚空中，圆满的佛陀日轮升起，应机随缘次第落到、显现在众生山上。

癸二、广说：

具千光日升，明世间次第，

落高中低山，佛日渐照众。

犹如万丈光芒的太阳升起在空中，阳光普照整个四洲世界，次第最初落到最高的山上，之后落到中等的山上，最后落到低山。同样，具有智慧广大光芒的如来遍知日轮，呈现在法界虚空中也是渐次照耀、显现在所化群生前，首先显现在最殊胜缘分者前，之后显现在中等缘分者前，最后显现在下等缘分者前而使他众完全成熟。

壬四（较比喻更超胜之理）分二：一、以光超胜之理；二、以作用超胜之理。

癸一、以光超胜之理：

日无照射天边刹，非除痴暗显所知，

悲尊散放多彩光，于众明示所知义。

与普通的太阳相比，佛日更为殊胜。太阳虽然具有放射片面周遍之光芒的能力，但佛陀所具有的放射周遍虚空际无余一切佛刹之智慧光的威力，这是太阳不具备的，佛陀才具有，因此以周遍而超胜。再者，太阳虽然具有驱散普通黑暗、明了显示片面色法的能力，但不具有遣除无明痴暗遮覆、明了显示所知实相义的能力，大悲尊主圆满佛陀之日以散放三乘等种种色彩的无量佛经光芒遣除无明黑暗，显明智慧光，他具有为无量所化众生明开示如所有尽所有所知实相深义的威德力，因此以具有大义也超胜。

癸二、以作用超胜之理：

佛至城中时，诸盲人复明，
无义众远离，见佛得受益。
堕落三有海，见暗覆痴盲，
依佛之日光，得见未见处。

普通的太阳在世间升起，但不具有使盲人见色法、遣除轮回苦、令见甚深法性等的能力，佛陀之日来到所化城升起时，无眼的盲人们也会得以复明而重见色法，同样，聋人们也会听到声音，疯人们也会精神恢复正常，穷人们也会在家中得到宝藏，恶趣等无义以欲望折磨心的众生也会离开贪欲，仅是见到佛陀就得以感受到所求安乐之利益。总之，落入无有尽头轮回的痛苦大海底，以种种恶见和重重黑暗遮蔽心自性的、以愚痴眼翳失去慧见的无量盲目众生，依靠佛陀之日在世间展现的事业之光，逐渐明现了知所知的智慧光，而现量见到凡夫前所未知、前所未见之处法界甚深真如，因此佛陀的日轮以作用也超胜。

辛六（以摩尼宝喻决定意密）分二：一、以满愿说等同；二、以难得说等同。

壬一（以满愿说等同）分二：一、以无分别满愿之理广说；二、以无勤恒常安住之理略说。

癸一、以无分别满愿之理广说：

犹如摩尼宝，无念顿时间，
能满住境者，各自诸心愿。
依佛如意宝，不同意乐者，
得闻种种法，彼不分别彼。

比如，如意宝虽然无有赐予此众生此种事物的动机分别念，但顿时间能各不混杂满足住在近处行境并祈祷它的不同众生想要的衣食、药物、处所等所求的无余所有心愿。同样，依靠圆满佛陀如意宝也使三种姓等信解不同意乐的无量所化众生随各自缘分而听到三乘等种种法，并圆满他们的利益，但佛陀说法时丝毫也无有要为某众生说此法的分别心。

癸二、以无勤恒常安住之理略说：

如摩尼宝无念勤，所求财物赐他众，

能仁无勤而应机，利他恒常住世间。

就像如意宝珠无有动机分别念的同时将随应所求的财物无勤作赐给祈祷的其他众生。同样，能仁王佛陀也是无有分别念等勤作而相应众生各自缘分说法等为成办其他所化一切利益乃至这个无边无际的三有轮回存在期间不断恒常安住。

壬二、以难得说等同：

海地下摩尼，欲者极难得，

劣缘惑困众，此心难见佛。

因为如意宝处于大海内并位于大地之下，故寻求了知成办一切所需的善妙如意宝、福报浅薄的众生极难得到。同样，住于轮回的无量所有众生也由于缘分极其下劣被种种烦恼及随烦恼所困，故各自有垢染的此心，更难以得见善逝二身的显现。

辛七（以回响喻决定语密）分二：一、比喻；二、意义。

壬一、比喻：

犹如回响声，他者觉知现，

无分别造作，不住外与内。

如同空谷等的回声也是依靠显现种种声音之缘其他听者随各自所说的由觉知中产生、显现的，岩山等既无有动机分别念也无有想说此的造作或勤作，而且声音自己的本体既不住在岩山外面，也不住在里面。

壬二、意义：

如是如来语，他者觉知现，

无分别造作，不住外与内。

同样，如来的种种妙法语音显现也是随着所化，相应其他听者各自意乐而以觉知传出、显现的，而佛陀既无任何动机分别念，也无任何想对此说此的想法造作或勤作，声音自本体既不住于佛陀身外也不住于内。

辛八（以虚空喻决定身密）分二：一、比喻；二、意义。

壬一、比喻：

少无无显现，无缘无所依，

超眼境无色，无示之虚空，

虽见高与低，然彼非如是。

既毫不成立实法，根识前无有显现及它们的所缘境不成立，也不存在能依之基础，尤其完全超离了眼根之境，不成立有碍的色法，他者的眼前无可显示是此，具有这种法相的无为法虚空，虽然有些人见到显现中央部分高、显现边缘部分低、四方形、圆形、蓝色、黄色等种种但胜义中虚空并非如显现种种那样真实存在。

壬二、意义：

如是虽见佛，然彼非如是。

同样，虽然所化许多类众生见到圆满佛陀的入胎、诞生、涅槃、散步、站立、种种身色、不同刹土等的无量幻变，但胜义的佛陀并非像显现生灭等种种那样真实存在，因为他是无变的。

辛九（以大地喻决定大悲趋入之理）分二：一、比喻；二、意义。

壬一、比喻：

如地生一切，依于无念地，
增长稳固广。

犹如这个大地生长的草木林园鲜花等这一切依于无有生这些的分别念勤作的大地，前所未有重新增长，以前有的根深蒂固，一切越来越广大，作为众生的生存之因。

壬二、意义：

依无分别念，圆满佛大地，
众生诸善根，无余得增长。

同样，依靠胜者圆满佛陀的大地，无有利益此等众生的分别念及勤作，也使无量所化群生的一切二资粮善根庄稼无余增长、稳固、广大，作为所有众生的生存之因。

庚三（以说必要摄义）分二：一、必要及喻义之分类；二、解说以比喻表示之理殊胜。

辛一（必要及喻义之分类）分四：一、成办必要及最极必要之理；二、归纳宣说喻义；三、对应三义解说；四、本义无勤作之理。

壬一、成办必要及最极必要之理：

未见无勤作，而行何事故，
为断所化疑，宣说九比喻。

普通人的心境中何时也不曾见过，丝毫无有勤作任运自成而行某事，因此在所化众生的心中会产生“佛陀的事业无勤作任运自成行众生之利相违”的怀疑，为了斩断那些所化众生的烦恼怀疑，才以帝释的影像等九种比喻明显宣说了无有勤作也能行事之理。

此等九比喻，宣说详解说，
是于经藏中，宣说彼必要。

也就是在《趋入佛境智光庄严经》佛经中以能表示佛事业的这九种比喻及详细理由完全明确宣说了，也就是在经藏中以比喻善加宣说了成办其必要及最极必要的道理。

由闻所生慧，广大光庄严，

具慧速趋入，佛陀诸行境。

由听闻此类经及此类注释所生的智慧清净广大光明庄严的具慧菩萨迅速地趋入，最初以分别的方式趋入佛陀一切行境的无勤任运事业，最终以行持的方式也趋入。这般直接断除对事业怀疑是近必要，间接趋入佛陀行境是必要之必要。

壬二、归纳宣说喻义：

彼义是以说，琉璃帝释影，

彼等九比喻，认清彼摄义。

示现语周遍，幻化散智慧，

意语身之密，获得大悲性。

为了能表示无勤作行事之义，上面广说了清净的琉璃地上映现帝释天的影像等九种比喻，认清并宣说以比喻所表示的摄略之义：以帝释的比喻说明随顺所化示现种种身体幻变；以天鼓比喻说明随缘以语言宣说妙法教言；以云比喻说明心的智悲周遍一切；以梵天比喻说明身语幻化无量事业；以日轮比喻说明意事业依靠智慧放射妙法光芒；以如意宝比喻说明无分别念也能赐予所需的意密；以回响比喻说明无文字也能善妙讲说的语密；以虚空比喻说明无质碍也为所化见到的身密；以大地比喻说明获得成为一切功德之依处的大悲本性作为所有众生的生存之因。

壬三、对应三义解说：

灭诸勤作续，无有分别意，

如无垢琉璃，现帝释影等。

灭勤是立宗，无分别意因，

为自性义成，喻帝释影等。

真实圆满佛陀成办他利时，以无余寂灭一切有所缘勤作相续的方式趋入，无有一切分别念的意大悲自性现前究竟光明的缘故，如同人间无垢的琉璃地映现天王帝释的影像等虽然无有勤作但能起作用。那就是寂灭一切有所缘的勤作相续，这是说明立宗的意义。因为现前究竟的无分别智慧，故这是能立的因。虽然无有任何勤作但为了使任运自成他利的自性意义于所化心境前成立而先以帝释的影像、天鼓声等能表示的比喻宣说。

壬四、本义无勤作之理：

此是此本义，示现等九种，

本师离生死，无勤尽趋入。

在讲佛陀事业的此时，是比喻所表示的这一本义，示现神变及宣说教言等九种意义前面已讲解，因此本师圆满佛陀远离生死等有为法，无有分别念，无有思此行此的勤作，但以成办事业的方式完全趋入示现在所化众生前。

辛二（解说以比喻表示之理殊胜）分二：一、宣说比喻分类；二、对应意义解说。

壬一、宣说比喻分类：

犹如帝释天鼓云，梵天日轮摩尼珠，
回响虚空地有际，无勤利他瑜伽知。

能表示佛陀任运自成不间断事业的比喻：犹如帝释天在自己的处所不动摇而在大地上显现影像利益人们；犹如天鼓无有勤作而宣说四法印；犹如遍布虚空的云能成熟庄稼；犹如梵天于色界不动摇于欲界示现幻化利益天人；犹如太阳无有分别念而放射无量光芒驱散黑暗；犹如至宝如意珠王无有分别念也无余赐予所需；犹如虽然无有真实成立但显现种种的空谷声等回响，犹如虽无成立色法但周遍一切的虚空；犹如无有分别勤作也作为一切所依的大地。关于乃至无边三有轮回存在期间不间断无勤作任运自成利他的事业之理，殊胜瑜伽行者明知，而一般人不可思议。

壬二、对应意义解说：

示现如宝现天王，善妙传授如天鼓，
遍主智慧大悲云，遍及有顶无量众。

圆满佛陀利他，有以下九种意义：

1. 如同人间珍宝琉璃地上显现帝释天王影像一样，于法身中不动摇而于有缘所化众生前示现色身的无量幻变，是身显现。

2. 为使心未入定者入定，入定者解脱，语言善加传讲教授随教授之理，如同天鼓宣说四法印一样。

3. 意周遍一切所知的尊主佛陀了知如所有尽所有的智慧及想救度轮回苦的大悲如同遍及一切的云聚，周遍趋入直至有顶的无量众生。

如梵无漏处不动，示现众多幻化相，

如日智慧放射光，如净摩尼宝珠意。

4. 如同梵天于色界不动摇于欲界示现一样，（佛陀）于无漏处法界中丝毫也不动摇而相应众生各自的信解也示现众多身语幻化。

5. 如同太阳放射光芒一样，依靠智慧放射妙法的无量光芒。

6. 如同无垢清净的至宝如意宝珠一样具有无有分虽念也赐予所需不可思议的意密。

佛语无字如回响，身如空遍无色常，

大地众生善法药，一切之基是佛地。

7. 胜者圆满佛陀的语密也如空谷声等回响一样虽然众生能听到种种但它不成立文字的本体。

8. 身密如虚空般周遍一切，虽然显现形状等种种但不成立色法，是恒常性。

9. 如同大地作为生长庄稼等的所依一样，作为无量所化众生相续中善法庄稼滋补药无余增长稳固广大一切相的基础或所依，即是获得具足无余转依之大悲的佛地。

庚四（复次归纳宣说差别）分二：一、色身虽现生灭然法身无生灭之理；二、以同法虽显现等同然以不同超胜之理。

辛一（色身虽现生灭然法身无生灭之理）分二：一、以天王比喻无生灭之理；二、一切不间断之理。

壬一、以天王比喻无生灭之理：

如净琉璃心，现见佛陀因，
不为不信退，信根得增长。
善根生灭故，佛陀色生灭，
能仁如帝释，法身无生灭。

有人想：如果佛陀出有坏恒常无生无灭，那见到生灭的原因何在呢？

答：依靠积累善根如同清净琉璃地一般无垢清净的自心明显见到圆满佛身的因或能使心清净的方便是不被不信等违品之缘所退，信根等根极增长稳固，犹如因基底清不清净而显不显现影像一样，因为所化众生的信心等善根生灭，故而依次显现佛陀世俗色身显现生灭，但就像帝释天于自己的本体三十三天不动摇一样，能仁遍知于自本体胜义法身中无有改变的缘故是无生无灭。

壬二、一切不间断之理：

如是无勤作，法身无生灭，

于世永行持，示现等事业。

还有人心想：如果佛陀无有勤作，那事业不间断的原因何在呢？

帝释天等虽无有勤作但依靠显现影像等能利他，同样，佛陀也无有分别念等任何勤作，于现前本来无生无灭的法身中不动摇同时于所化无边轮回世间存在间任运自成不间断行持示现身幻变、语言宣说教言、意智悲周遍等的事业。

辛二（以同法虽显现等同然以不同超胜之理）分二：一、略说；二、广说。

壬一、略说：

此诸比喻摄，义是此次第，

前后由断除，违品法而说。

能表示佛陀事业的这九种比喻摄略的意义如下文要讲的本论内容所说。不仅如此而且也会讲到随前面比喻宣说后面之次第固定的原因，也就是说，前前的那些比喻不能无余表示佛陀的事业，通过后后的那些比喻依次断除违品法的部分、宣说同法的途径来说明。

壬二、广说：

佛陀如影像，无音非同彼，

如天鼓非能，普利非同彼。

圆满佛陀的事业：示现无量身幻变如同琉璃地上映现天王影像一般，但影像不具妙音，佛陀具足说法的妙音，因此也并非与它相同，而更为超胜。

从具足说法的妙音的角度宣说的种种教言，如同天鼓宣说四法印，但天鼓是片面的，而不能周遍一切利益，佛陀是行持周遍一切所化世界的利益，因此也并非与它相同，而更为超胜。

如密云非断，无义种非同，

如大梵天非，永熟非同彼。

从周遍一切世间界的角度以智慧令所化众生成熟，如同密云遍布一切能成熟庄稼，但密云不能断除无义的种子，佛陀能断除无义的贪等烦恼种子，因此也并非与它相同，而更为超胜。

从断除无义烦恼种子的角度示现无量幻化，犹如大梵天断除欲妙一般，但梵天是仅暂时饶益而不是永久成熟，佛陀永不间断成熟所化相续的缘故也并非与他相同，而更为超胜。

如日非永久，驱暗非同彼，

如摩尼宝非，难得非同彼。

从永久成熟所化庄稼的角度放射无量智慧光芒，犹如日色的光芒能永久成熟庄稼，但太阳是偶尔显现，并不能昼夜永久摧毁黑暗，佛陀永不间断摧毁无明黑暗，因此也并非与它相同，而更为超胜。

如是从能永摧黑暗的角度意密无分别放射智慧光芒，如同摩尼宝珠的光芒昼夜永驱黑暗一样，但宝珠龙等旁生也具有而并非难得，佛陀对于无缘者来说难得难遇，因此也并非与它相同，而更为超胜。

如回响缘生，亦非与彼同，

如虚空非是，善基非同彼。

从难遇难得的角度语密宣说种种善说犹如回响外内不成立真实而难以得到，但回响依赖暂时外缘而生，佛陀是自然无为法，因此不是依缘出生，因此与它也不相同，而更为超胜。

如是从非由缘生真实无为法的角度示现身密无量幻变，如同虚空虽显现种种但它是无为法，可是虚空并非成为善法的根本或所依，佛陀成为善法的根本或所依，因此也并非与它相同，而更为超胜。

世间出世间，众生诸圆满，

彼处之所依，是故如大地。

依于佛菩提，生出世道故，

善业道禅定，无量及无色。

成为世间出世间众生无余圆满处的所依或基础的缘故如同大地作为一切的所依。这般是出世间圆满的根本，依靠获得圆满佛陀大菩提而出生出世间行道三乘等妙法的缘故，如此也是世间圆满的根本，依靠大菩提也出生欲界圆满之因十善业道、色界圆满之因四禅四无量及无色界圆满之因无色定。

大乘无上续宝性论中第四如来事业品释终

第五 利益品

现在解说尤为信解所说四处获得大利益之理：

丁三（彼等功德）分二：一、以赞殊胜方式略说；二、以其他差别解说彼。

戊一（以赞叹殊胜方式略说）分二：一、四处难证之理；二、证彼得大利益之理。

己一、四处难证之理：

佛性佛菩提，佛法佛事业，

净众尚不思，此是佛行境。

佛性自性清净有客尘位的如来藏、客尘也极清净位得佛大菩提、大菩提无别具足的佛法——力等殊胜功德、获得功德的威力任运自成不间断成办佛事业的事业，随同成就三宝的四金刚处真实性而大部分客尘清净的有情——大菩萨尚且不可思议，异生凡夫及声闻缘觉更不必说，因为如前所述不可思议。

若想：那么那些是谁的行境呢？刚刚所说的这四金刚处的真实性唯一是一切众生的导师圆满佛陀的智慧行境。但是，对如来信仰者依靠信解作意的方式也可以证悟，这一点已解说完毕。

己二（证彼得大利益之理）分二：一、超胜其他方便善法之理；二、以获得殊胜智慧之方式解说理由。

庚一（超胜其他方便善法之理）分二：一、略说；二、广说。

辛一、略说：

具慧信佛境，佛众功德器，

喜无思功德，胜众生福德。

具慧菩萨尤其信解唯一胜者圆满佛陀智慧行境的这四处之义，他们堪为（十）力等佛陀无量众功德之法器，因为苏醒大乘种姓，会速得究竟果，故如是真实欢喜并尤为信解具足普通人不可思维的众功德的这四处，有极多功德，胜伏与之结缘的一切众生的布施所生等所有福德资粮。

辛二（广说）分三：一、超胜布施之理；二、超胜持戒之理；三、超胜修行之理。

壬一、超胜布施之理：

希求菩提者，金刹严宝珠，

等同刹尘数，每日恒供佛。

他闻此一句，闻已复信解，

此得施生善，更多之福德。

任何善男子善女人，以希求无上大菩提的意乐，以广大无量宝珠严饰充满纯金物所成的刹土，量等同无量佛土极微尘数，每天不间断恒常供养殊胜对境法王佛陀出有坏，福德会增长甚多。但与之相比，具慧的其他有些人，由甚深义的这四处入手，不必说通达意义，甚至听闻一句，闻后再以不颠倒受持真实诚信的方式尤为信解，这将获得与刚刚所说布施所生广大善根更多增长的福德。

壬二、超胜持戒之理：

具慧求无上，菩提多劫中，

身语无勤作，守护无垢戒。

他闻此一句，闻已复信解，

此得戒生善，更多之福德。

任何具慧善男子或善女人，以欲求获得无上真实圆满大菩提的意乐长久时间许多阿僧祇劫中依靠以身语意极力修习，之后能无有勤作自然守护断除所有罪行无堕垢的戒律，由此福德会增长甚多。但与之相比，另有具慧之士，由甚深义的这四处入手，不必说通达意义，甚至听闻一句，闻后再以不颠倒受持真实诚信作意的方式尤为信解，这位具信解者将获得比刚刚所说持戒所生广大善更多增长的福德。

壬三、超胜修行之理：

谁此除三有，惑火修禅天，

梵住至究竟，无变菩提法。

他闻此一句，闻已复信解，

此得禅生善，更多之福德。

任何善男子或善女人于此世间为了去除摧毁所断欲界、色界、无色界三有如烈火般的烦恼，修行禅定的自本体圆满超胜的四禅四梵住——四无量这些究竟获得圆满大菩提无迁变果位的方便，由此福德会增长甚多。但与之相比，任何其他具慧之士，由甚深义的这四处入手，不必说通达意义，甚至只是听闻一句，闻后再以不颠倒受持真实诚信的方式尤为信解，那么这位具信解者将获得比刚刚所说修禅所生广大善根更多增长的福德。

庚二、以获得殊胜智慧之方式解说理由：

因施成受用，戒善修断惑，

慧断诸二障，此胜因闻此。

若想：与布施所生、持戒所生、修行所生的那些广大福德相比，听闻这些处所生的智慧更为殊胜的理由是什么呢？

因为，如此发放广大财施仅能成办异熟果圆满受用，以持戒也仅能成办暂时善趣的圆满身体，修禅也仅能断除三界的烦恼，界性清净远离客尘中获得菩提功德及事业。依靠这样的证悟智慧能无余断除烦恼障所知障及习气，为此善加理解实相义的此智慧超胜布施等福德资粮，殊胜智慧的因也是无颠倒听闻这四处的意义。

戊二（以其他差别解说彼）分二：一、获得究竟之利益；二、入道之利益。

己一、获得究竟之利益：

安住彼转依，功德成办利，

是佛智慧境，所说此四处。

具慧信解有，能力具功德，

具有速获得，佛果之缘分。

如来藏原本周遍一切安住的佛性清净、法界真如远离客尘无余转依的大菩提、菩提无别具足的力等功德、依靠那些功德成办他利的事业，是佛陀遍知的智慧行境，对于前面所说甚深义的这四处，具慧菩萨对一切众生普遍具有佛性有真实诚挚信，对由离垢能获得菩提有欲求信，对获得菩提具有究竟二利的功德有清净信，以具有这三种信而尤为信解，极其精进行持清净菩提行的缘故，具有迅速获得究竟如来无上果位的缘分。

己二（入道之利益）分二：一、意乐发殊胜菩提心之利益；二、加行行六度之利益。

庚一、意乐发殊胜菩提心之利益：

不可思议境，有我能得果，

得具此功德，由信胜解故。

成欲勤念定，慧等功德器，

彼等菩萨尊，恒常近安住。

从普通众生不可思议的境界甚深义四处入手，佛性清净周遍一切众生存在，由遣除它的客尘无余转依的大菩提像我一样的人也能获得，获得果具有力等究竟自他利的这种圆满功德。由具有三种信心而更加生起殊胜信解，故堪为追求妙法的欲乐、真实欢喜善品的精进、不忘教言所缘的正念、一心专注所抉择所缘的禅定、辨别所知法的智慧等不可思议功德的法器，为利他而相应求圆满菩提的发心是证悟四处的那些菩萨恒常安住的。

庚二（加行行六度之利益）分四：一、圆满清净之理；二、摄为福德三事之理；三、认清违品二障；四、以对治得殊胜智慧之理。

辛一、圆满清净之理：

恒常近住彼，佛子不退转，

福德波罗蜜，圆满普清净。

福德之五度，三轮无分别，

圆满普清净，断彼违品故。

由于恒常安住于前面所说的菩提心，佛子于无上菩提中不复退转，以那种殊胜意乐引发加行福德资粮所摄的前五度均圆满清净。也就是说，能利益众生的方便布施等福德资粮前五度，以无有作者、作业、所作三轮分别而使那些波罗蜜多圆满、清净，因为断除了布施等的违品悭吝等障碍。

辛二、摄为福德三事之理：

施生福是施，戒生是持戒，

安忍禅定二，修生勤遍行。

六度也摄于福德三事中，布施所生的福德事是布施波罗蜜多，持戒所生的福德事也是持戒波罗蜜多，安忍及禅定这两种波罗蜜多是修行所生的福德事，欢喜那些的精进也遍行于福德三事，因此一切略摄，就是随应说三种福德事。

辛三、认清违品二障：

分别三轮者，彼许所知障，

分别悭吝等，彼许烦恼障。

分别布施者、所布施的对境、布施等三轮是五度圆满之障，承许是所知障，分别悭吝及贪嗔懈怠散乱等行相——（五度）清净之障，承许是烦恼障，因此它们是所断。

辛四、以对治得殊胜智慧之理：

慧外无有断，彼等余因故，

慧胜其基闻，是故闻殊胜。

由于善加证悟金刚处意义，故除智慧外无有其余能根除这二障的因，远离智慧的布施等只能压伏现行的障碍但不能根除种子，智慧究竟能根除二障及习气的种子，为此，智慧资粮所摄的智慧超胜福德资粮所摄的五度。这种智慧增长的基础是如理听闻宣说这四处的经典及注疏。因此，与布施、持戒、修行所生的极多福德相比，听闻这样的甚深法更为殊胜。

甲四（解说圆满造论事宜）分二：一、广说所说义；二、以讲法归纳宣说。

乙一（广说所说义）分三：一、如何造论之理；二、断除损法之理；三、回向造论福德之理。

丙一（如何造论之理）分五：一、依何宣说；二、为何宣说；三、以如何方式宣说；四、所说之本体；五、恭敬顶载之理。

丁一、依何宣说：

依可信教理。

上述的这七金刚处的道理，也并非自我臆造或杜撰，而是依于《陀罗尼自在王请问经》《如来藏经》《吉祥鬘请问经》《佛说无增无减经》《入诸佛境智光庄严经》等主要宣说了义可信之处的清净圣教及暂时的作用理、观待理、证成理及究竟甚深法尔理善加解说的。

丁二、为何宣说：

为自唯清净，为摄具信解，
圆善者说此。

从自利而言，作者为了自己获得唯一法界连所断细微障也清净究竟的涅槃；从他利而言，为了以善说的喜宴摄受对这种甚深义具有为不夺取的信解心、具有想获得比福德资粮更殊胜的圆满善心有大缘分的殊胜所化众生，才宣说了此论。

丁三、以如何方式宣说：

依灯电宝珠，日月有眼见，

依佛大义法，辩光而说此。

犹如依靠灯光、闪电光、宝珠光、日光、月光有眼人能见对境色法一样，依靠能仁圆满佛陀放射了知诸法自相共相广大意义的义无碍解、无碍了知一切名称差别的法无碍解、无碍了知一切众生一切语言之词无碍解、无碍了知法之所有分类的辩无碍解的光明，以慧眼见到甚深真如，极其明显宣说撰著了此论。

丁四、所说之本体：

具义与法系，断三界惑语，

令显寂功德，佛语余反之。

妙法具有所诠甚深广大义，与能诠无垢词句法相关联，能断所断三界一切烦恼的佛语，令显示获得对治究竟寂灭涅槃功德，那是大仙人圆满佛陀的清净经典所抉择的，与以上四义相反，真实经典以外颠倒宣说，并不是所应趋入。

丁五、恭敬顶戴之理：

唯一依佛说，无乱心诠释，

随得解脱道，顶戴如佛经。

经典的注释，所说的差别唯一依照胜者圆满佛陀宣说来讲，并非自我臆造；说者的差别，是以善加了知法与义而无有利养等颠倒散乱的心态善加诠释；果的差别，为殊胜无上涅槃解脱；方便差别，随应获得解脱道。具有这四种功德的论典也应当像大仙人圆满佛陀的经典一样净信顶受。

丙二（断除损法之理）分三：一、认清清净方便而教诫依止；二、认清退失之因而教诫断除；三、断除退失深法之果。

丁一（认清清净方便而教授依止）分二：一、断除自我杜撰之理；二、断除偏执之理。

戊一、断除自我杜撰之理：

此世无何人，智慧高佛陀，
如理遍智知，胜真如非余。
仙人自安立，经藏不搅彼，
毁坏佛理故，亦害微妙法。

在这个世间界没有任何一位补特伽罗比圆满佛陀智慧更高，因为以如理无倒现量遍知的智慧了知无余尽所有义及如所有殊胜真如只有佛陀而并非他者了知。为此，大仙人佛陀自己安立的不了义与了义的经藏，没有以自我杜撰“将不了义说成了义、将了义说成不了义”扰乱、不应颠倒讲解，假设这样做，那将毁坏圆满佛陀的微妙法理，它也有害于微妙法，成为舍法的重罪。

戊二、断除偏执之理：

烦恼愚者谤圣者，彼执见造轻说法，

慧不沾彼执见垢，净衣染变油染非。

以烦恼无明等成为心愚昧本性的恶劣众生诽谤佛陀等圣者，他们也以贪执自己恶劣宗派为殊胜的见解造轻蔑善说妙法等罪业，由此也以种种痛苦逼迫。智者们的智慧永远不会沾上偏执恶见垢染的烦恼，假设沾染上，则有心不可能转向正见与行为的过失，如同洁净无垢的衣服用染料可转变成彩色，以油染污的有垢衣服并非如此。

丁二、认清退失之因而教诫断除：

劣慧不信善，依邪我慢故，

贫妙法障性，不了执了义。

贪利随见故，依止背法故，

远离持法故，信劣舍佛法。

有人想：如果大乘法的究竟精华了义胜深具有大利益，那为何有些人不信解而舍弃呢？

那并不是法的过失，而是人的过失。

1. 有些人因为分析甚深义的智慧极其浅薄、低下而舍弃妙法。

2. 有些人因为没有苏醒随增性的种姓、对善法无有信解而舍弃妙法。

3. 有些人因为具有非功德而认为自己具有功德依于骄傲自满的邪我慢而舍弃妙法。

4. 有些人因为前世积累贫乏妙法的深重业障、成为障碍真实义之本性而舍弃妙法。

5. 有些人因为将不了义的经典执为诸法真如无倒的了义而舍弃妙法。

6. 有些人因为尤其贪爱贪婪衣食财物等欲妙利养而舍弃妙法。

7. 有些人因为随执著坏聚见等恶见为殊胜而舍弃妙法。

8. 有些人因为长期依止背离、舍弃深广妙法的恶友而舍弃妙法。

9. 有些人也因为长期远离受持大乘妙法的具相善知识大德而舍弃妙法。

10. 有些人因为不诚信真实法与补特伽罗、欢喜颠倒以致信解低下而舍弃如来应供的妙法，尤其舍弃宣说甚深真如，如此一来，也是失毁自己的因，所以智者们不会如此。

丁三（断除退失深法之果）分二：一、断除恶趣之理；二、断除轮回之理。

戊一、断除恶趣之理：

深法何智说，火及猛毒蛇，

刽子手霹雳，非应极恐怖。

火蛇敌霹雳，唯能离性命，

非能令堕入，恐怖无间狱。

由最甚深的妙法中退失有多么恐怖，精通取舍的智士大德说：被世间中共称可怖的火焚烧、被凶猛的毒蛇咬、被刽子手杀、被霹雳穿破也并不是极其恐怖，与之相比，失毁正法更为恐怖，因此要断除舍法。因为被火烧、被蛇咬、被敌杀、被金刚霹雳火穿破，只能远离今生的性命，但它们不会使人去往极其可怖的恶趣无间地狱，舍弃妙法将感受无间地狱的痛苦。

戊二、断除轮回之理：

谁屡依恶友，于佛具恶心，
杀父母罗汉，行非行破僧。
若定思法性，从彼速解脱，
何人心嗔法，彼焉有解脱？

任何恶人再三依止恶友并随他转，以想杀无上皈处真实圆满佛陀的大恶心出佛身血，杀害世间中各自的大恩上师与大恩父母，杀害众生共同应敬的阿罗汉、行非应行，挑拨离间殊胜的僧众的人，如果决定思维并一心修行诸法甚深真实性遍具殊胜相之空性与无缘大悲，那么很快会从无间等大业障中解脱而获得大菩提。何人心里嗔恨大乘究竟精藏了义法并舍弃，他怎么会有获得无上菩提的解脱？因为不具有修行其道的缘分。

丙三、回向造论福德之理：

三宝净佛性，净菩提德业，

七处如理说，我得善愿众，

见具无量光，无量寿佛陀，

复法眼无垢，生得大菩提。

佛法僧所得三宝之义、成就三宝之因自性清净佛性如来藏之义、无有客尘极清净分位大菩提之义、它具有的离系果与异熟果所摄功德之义、其威力善成他利事业之义——所诠义七金刚处，讲者我（即弥勒菩萨）[1]无误方式如实解说而获得的清净善根愿处于轮回的一切众生暂时之果转生于佛陀的眷属坛城中，现量见到拥有无量光芒、无量寿、无量智慧的圆满佛陀尊颜，见佛后也是于其前听闻妙法，实地修行，从而获得法眼离尘无垢之见道等，生起不畏深法清净忍；究竟之果：迅速获得无上真实圆满殊胜大菩提。

乙二、以讲法归纳宣说：

由何为何因，如何宣说何，

等流是何者，是以四偈说。

本论依靠什么而解说？是以“依可信教理”说明。以什么理由或必要解说？是以“为自唯清净，为摄具信解，圆善者而说”说明。如何解说？是以“如灯闪电宝珠光，日光月光有眼见……”说明。所说何义之本体，

1 文中以括号形式出现的内容，是译者为了便于读者更好地理解本书所补充。括号内比正文字号稍小的文字，是对个别专业术语的解释说明。

是以“具义与法系……”说明，证悟所说之等流的能说是什么？是以“唯一如来教……”说明。如何造论之理是以此等四颂广说。

二说自净法，一说失毁因，

尔后二偈颂，则是宣说果。

以“此世无何人，智慧高佛陀……”两颂说明自己清净的方便，要谨慎舍法障。“劣慧……”一颂说明若积舍法业则是失毁自己之因，因此教诫断除。其后“深法何……”两颂是真实说明断除退失深法之果暂时堕入恶趣、究竟不得解脱之理。

说眷属坛城，忍证菩提法，

略摄二种果，是以末颂说。

以宣说暂时转生于清净刹土佛陀眷属坛城中，现量证悟法性，获得不畏深法忍，究竟证得无上大菩提法，圆满回向略摄，入妙法者成就暂时与究竟圆满二种利益果，是以“三宝净佛性……”最后这一颂善加说明。

大乘无上续宝性论中第五利益品释终

著跋：

大乘宝性论，怙主慈氏撰著圆满。

大乘宝性论，如是如来大补处怙主慈氏撰著，随同大阿阇黎圣无著所造注释而解说，撰著圆满。

译跋：

具德无喻城大智者婆罗门仁钦多吉之侄子大班智达萨嘉纳与译师释迦比丘罗丹西绕于无喻城由梵译藏。

根除诸未证，邪见怀疑暗，

善说是日光，善愿驱众暗。

应持藏法师花丹尊哲与花嘉措二人祈请，云游四方、无偏具四依者撰著于觉囊吉祥山静处，愿成办广大弘法利生事业。愿增吉祥！

2019 年 *2* 月 *27* 日译毕